Marko Simsa



# Schwanensee

Das Ballett nach
Peter Iljitsch Tschaikowsky

Mit Bildern von Doris Eisenburger

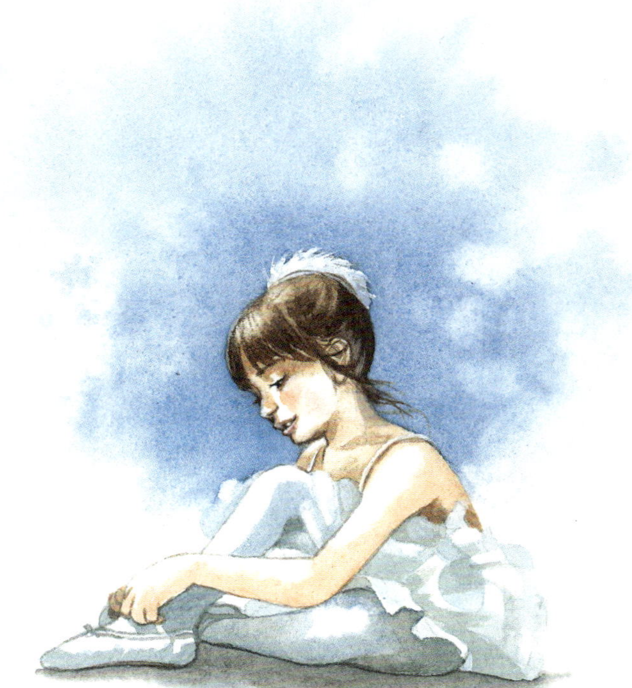

annette betz

*Im Frühjahr 1876 vollendete der russische Komponist Peter Iljitsch Tschaikowsky seine Ballettmusik zu einem Märchen, das er ohne Sprache, aber mit Musik und Tanz auf die Bühne bringen wollte. Es hieß »Schwanensee«.*
*Am 4. März 1877 erlebte es im berühmten Bolschoi-Theater in Moskau seine Uraufführung, es wurde also zum ersten Mal vor Publikum gezeigt. Seither ist der »Schwanensee« von kaum einem Opernhaus wegzudenken. In aller Welt berührt die Musik kleine und große Ballettfreunde. Auf fast allen Opernbühnen der Welt zeigen Tänzerinnen und Tänzer die Liebesgeschichte von Prinz Siegfried und der Schwanenprinzessin Odette.*
*Auch bei uns steht heute der »Schwanensee« auf dem Spielplan. Du bist herzlich eingeladen, dich dem Zauber der Musik hinzugeben, die Bilder der Ballettaufführung zu betrachten und die Geschichte von Siegfried und Odette in deinen Gedanken lebendig werden zu lassen …*

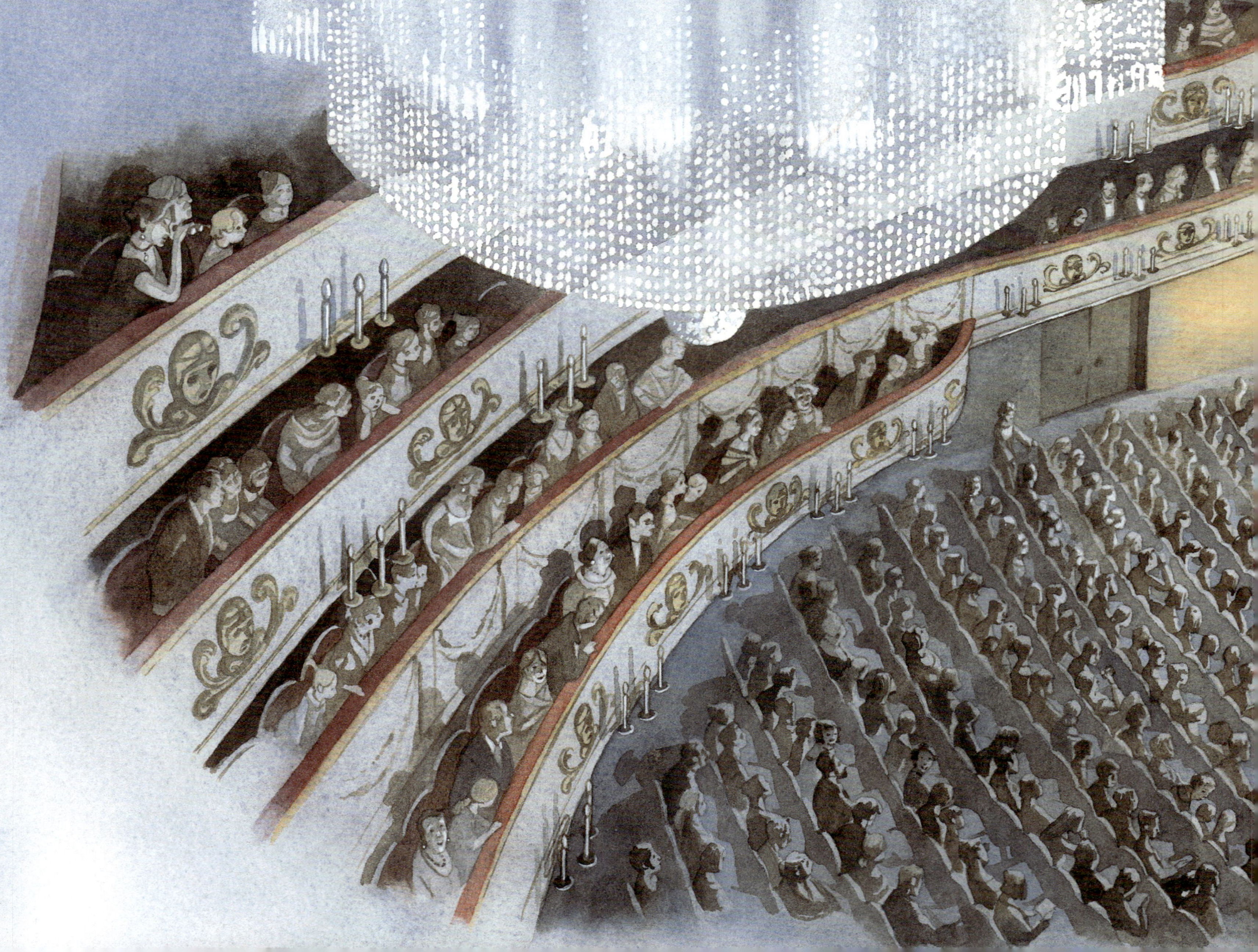

**Einleitung und 1. Akt – Das Fest auf dem Schloss**

Es kann nun nicht mehr lange dauern, bis die Aufführung des Balletts »Schwanensee« von Peter Iljitsch Tschaikowsky beginnt. Das Publikum sitzt bereits auf den Plätzen. Viele Kinder sind gekommen. Sie sind besonders neugierig, wie die berühmten Balletttänzerinnen und -tänzer des Opernhauses mit graziösen Schritten, kleinen und großen Sprüngen, Pirouetten und anderen Ballettfiguren die Geschichte erzählen werden. Die Musikerinnen und Musiker des Orchesters sind bereit. Es wird still im Saal, der Dirigent hebt seine Arme, die Musik beginnt. Zu den Klängen der Einleitung kann sich das Publikum auf die Aufführung einstimmen. Die Einleitung geht zu Ende, der Vorhang hebt sich und mit festlichen Klängen werden wir auf das Schloss von Prinz Siegfried und seiner Mutter geladen. Prinz Siegfried hat heute Geburtstag und das wird ausgiebig gefeiert. 𝄞 3+4

𝄞 1+2

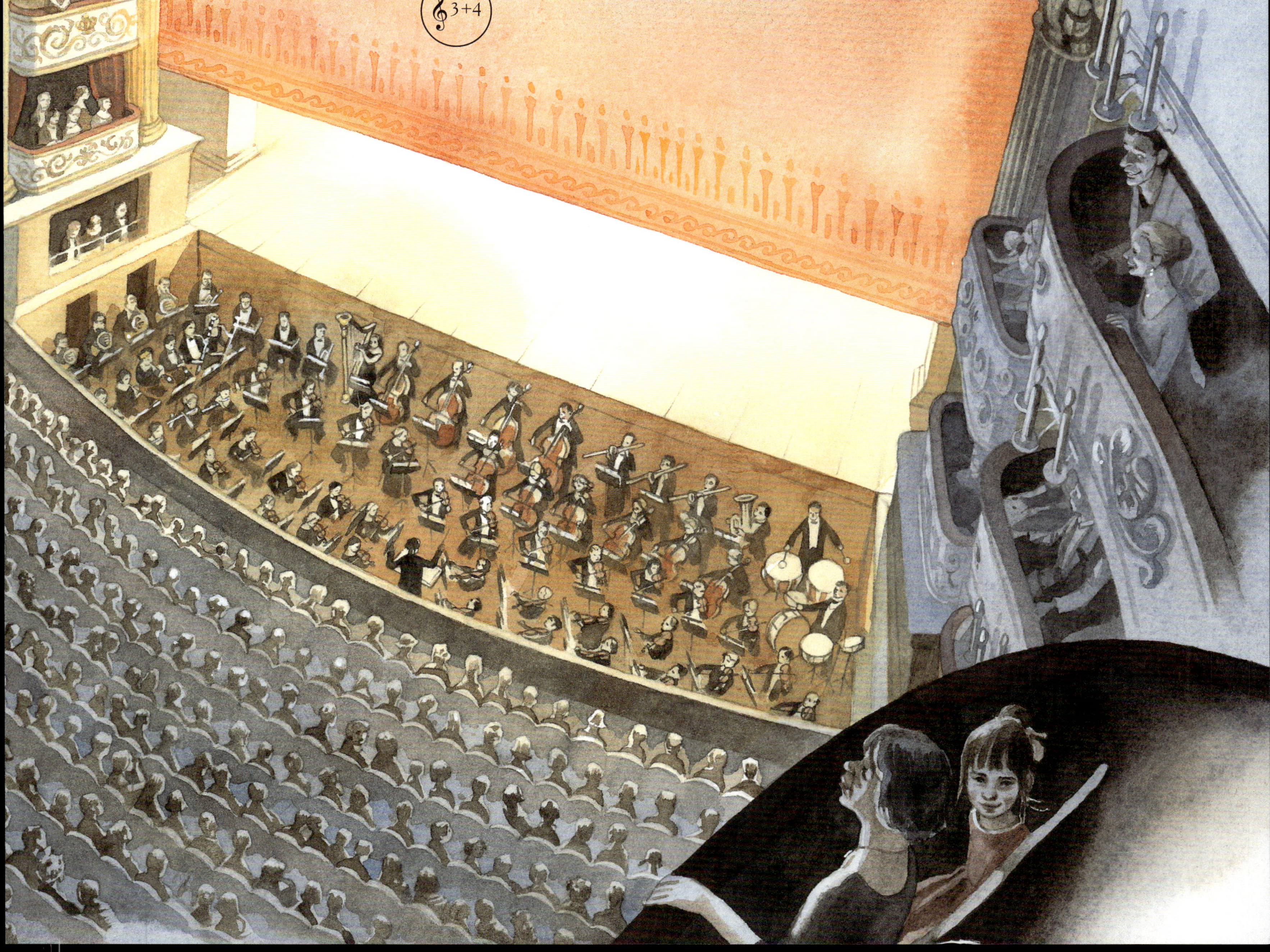

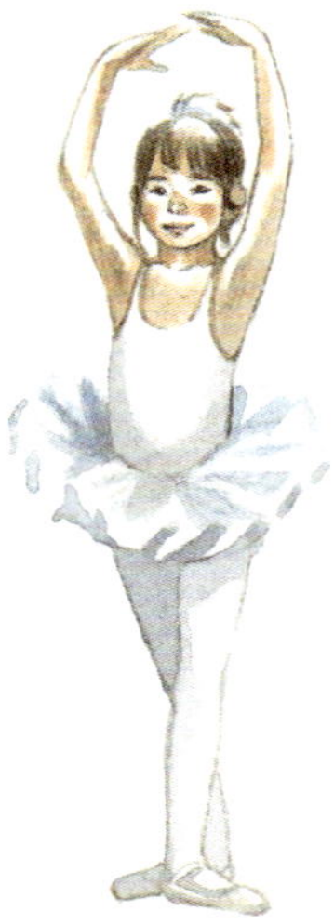

Diesmal ist es ein besonderer Geburtstag für Prinz Siegfried. Er wird volljährig, ab jetzt gilt er als erwachsen. Wenn das kein Grund zum Feiern ist! Er scherzt und lacht mit seinen Freunden, nimmt Glückwünsche und Geschenke entgegen.
Und vor allem wird natürlich getanzt. Zu Ehren des Prinzen zeigt die Hofgesellschaft einen großen Walzer.
Ach, welch schöner Anblick! Das Corps de Ballet ist im Einsatz. Das Corps de Ballet ist die Gruppe der Tänzerinnen und Tänzer, die die Solisten begleitet.
Alle drehen sich im Walzertakt über die Bühne und zeigen mit anmutigen Bewegungen Sprünge und andere Figuren.
Es scheint, als würden die Damen schweben, wenn die Herren sie hochheben und ein paar Schritte weit tragen.

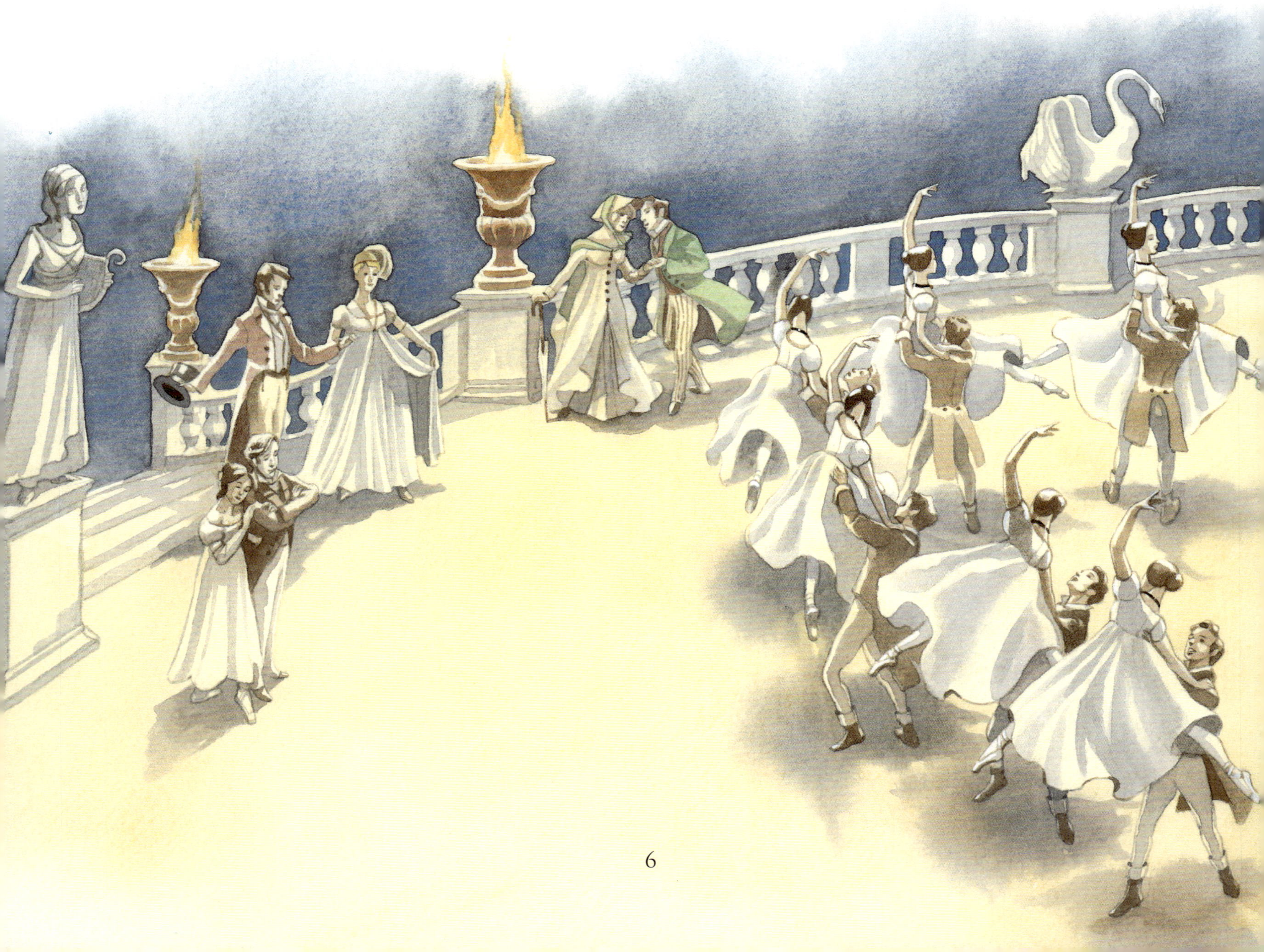

Dazwischen tanzt Prinz Siegfried. Er schwingt das gestreckte Bein vorne weit nach oben, dann zur Seite und nach hinten. Er zeigt Pirouetten, schnelle und langsame Drehungen. Mit graziösen Bewegungen macht er kleine tänzelnde Schritte auf den Zehenspitzen, dann wieder große Sprünge mit weit gegrätschten Beinen. Das kann ihm so schnell niemand aus dem Publikum nachmachen! Es sei denn, er ist selbst ein guter Balletttänzer …

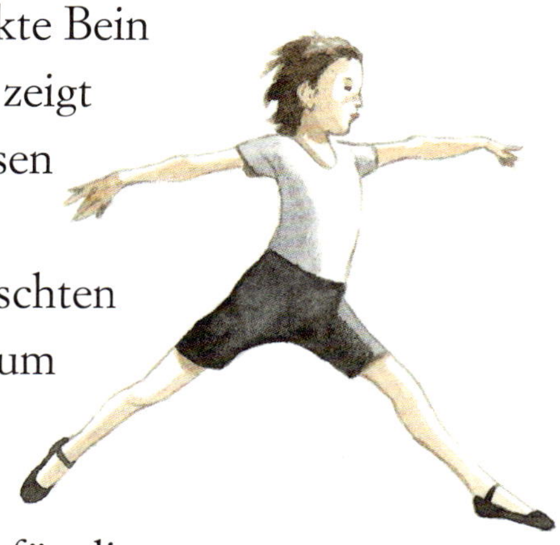

Der Walzer auf der Bühne ist jedenfalls eine große Freude für die versammelte Hofgesellschaft! Und für die kleinen und großen Zuschauer im Saal ist er das ebenfalls! 5+6

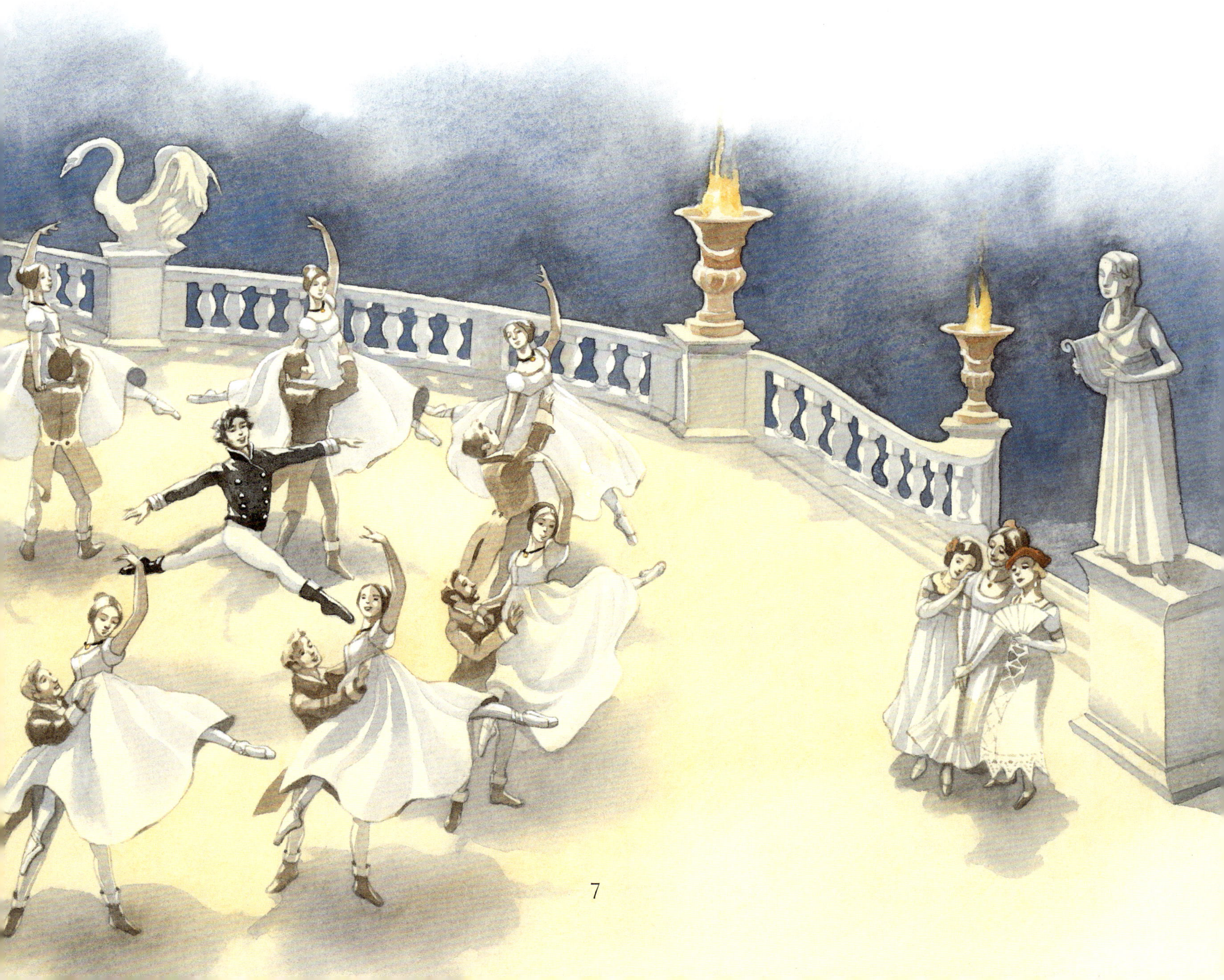

Die Mutter des Prinzen, die Königin, erscheint zu würdevollen Klängen.
»Mutter!«, ruft Prinz Siegfried und verneigt sich vor ihr.
»Nun, da du volljährig bist«, sagt die Mutter, »schenke ich dir diese Armbrust für die Jagd!«
Niemand im Publikum hört jedoch ihre Stimmen, im Ballett wird ja nicht mit Worten gesprochen. Mit Gesichtsausdrücken, mit Bewegungen der Arme und des ganzen Körpers sowie mit Tanzschritten und natürlich durch die Musik wird gezeigt, was gemeint ist und worum es geht.
So kann das Publikum erkennen, was in der Geschichte passiert.
Prinz Siegfried bedankt sich für die Armbrust.
Doch noch etwas liegt seiner Mutter sehr am Herzen. Etwas Wichtiges, das sie mit ihrem Sohn besprechen muss. Siegfried ist nun volljährig, da ist es höchste Zeit, eine Frau für ihn zu finden. Er soll sich vermählen!

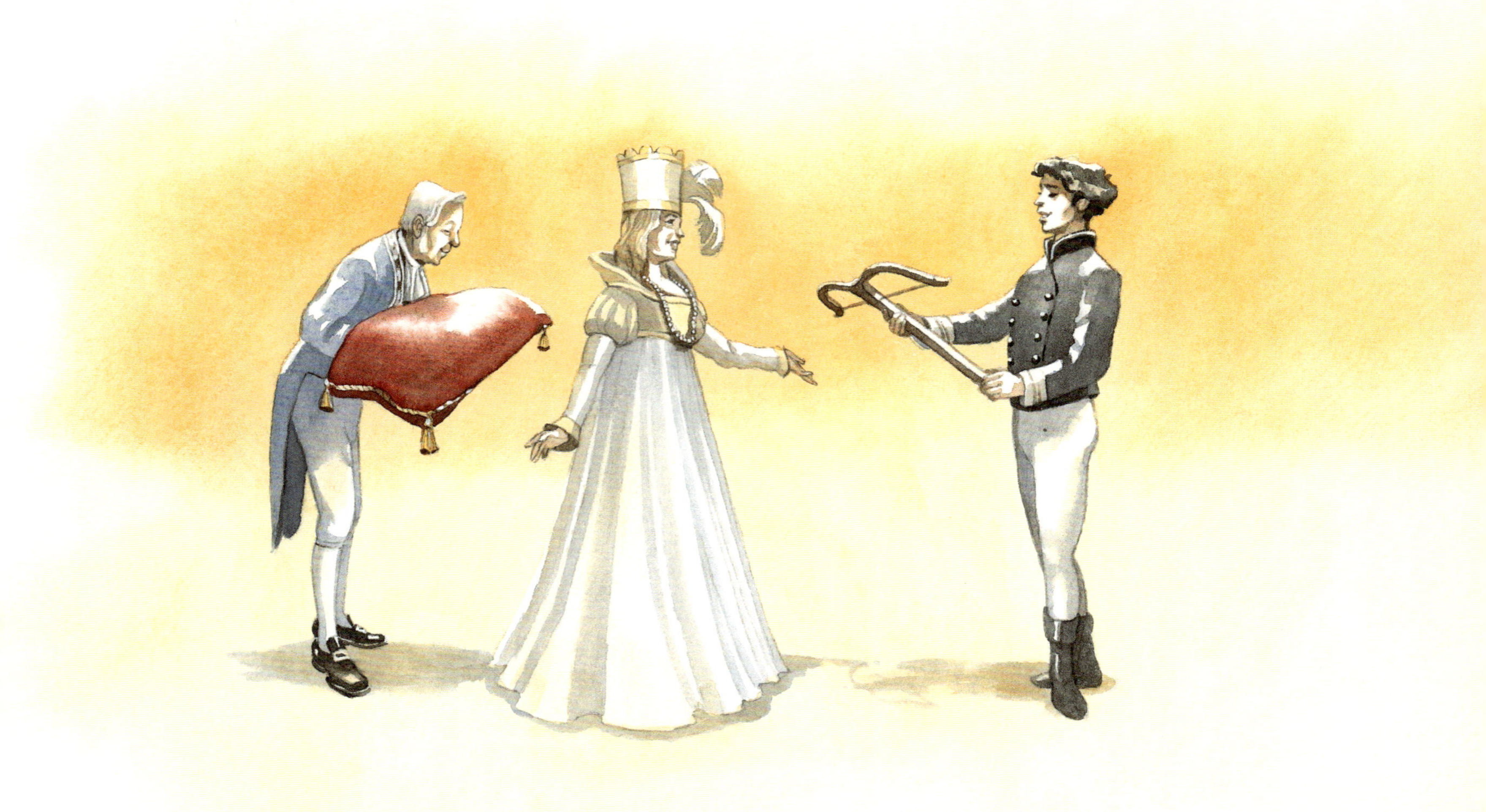

»Für morgen zum Festball habe ich sechs junge Frauen geladen!«, erklärt die Königin. »Aus ihnen wirst du deine Braut wählen, noch bevor die Nacht hereinbricht!« 𝄞7+8

Prinz Siegfried ist nicht sehr begeistert über den Wunsch seiner Mutter.
Er will warten, bis er eine Prinzessin findet, die er wirklich liebt!
Er möchte sich nicht vermählen, nur weil er nun erwachsen ist.
Doch schon reißt ihn der Trubel der Feierlichkeiten fort von diesen Gedanken.

Es gibt Tänze zu zweit, das heißt im Ballett auf Französisch »Pas de deux«, und zu dritt, das nennt man »Pas de trois«. Und zur Krönung folgt der Tanz der Kelche. Alle Tänzerinnen und Tänzer haben dabei einen Becher in der Hand, als würden sie auf das Glück des Geburtstagskindes trinken. 𝄞9+10
Welch ein Spektakel!

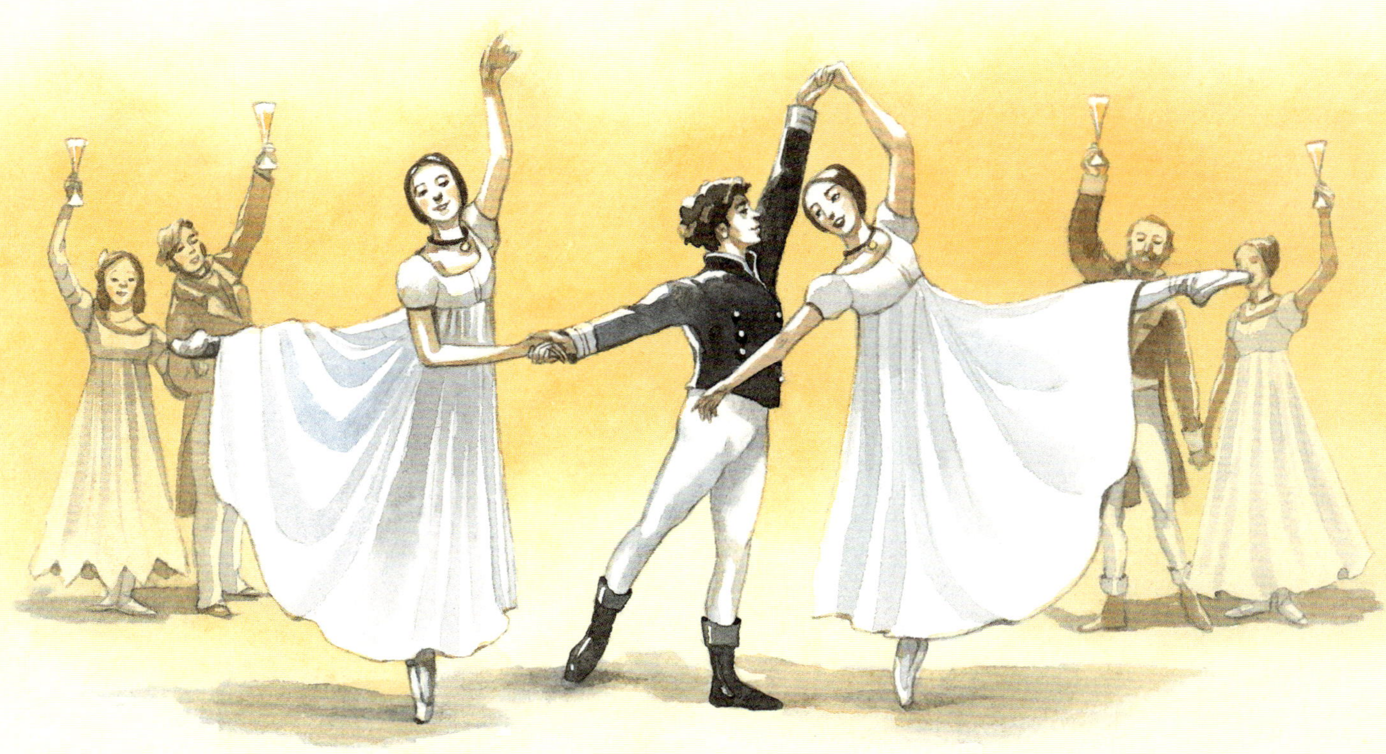

Das Fest nähert sich dem Ende. Die ersten Gäste verabschieden sich.
»Komm, Siegfried!«, rufen die Freunde des Prinzen. »Nimm deine Armbrust, wir gehen auf die Jagd!«
»Eine gute Idee!«, antwortet Siegfried.
In dem Moment ziehen am Himmel mit weiten Flügelschlägen Schwäne vorüber.
Wie verzaubert sieht ihnen der junge Prinz nach. Er ist gebannt von ihrer Schönheit, hört, angeleitet von der Harfe und der Oboe, ihre Musik – und spürt eine geheimnisvolle Kraft.
11+12 Er reißt sich los, eilt den Freunden hinterher, in den Wald, zur Jagd, und immerzu hört er diese zauberhafte Melodie der Schwäne …

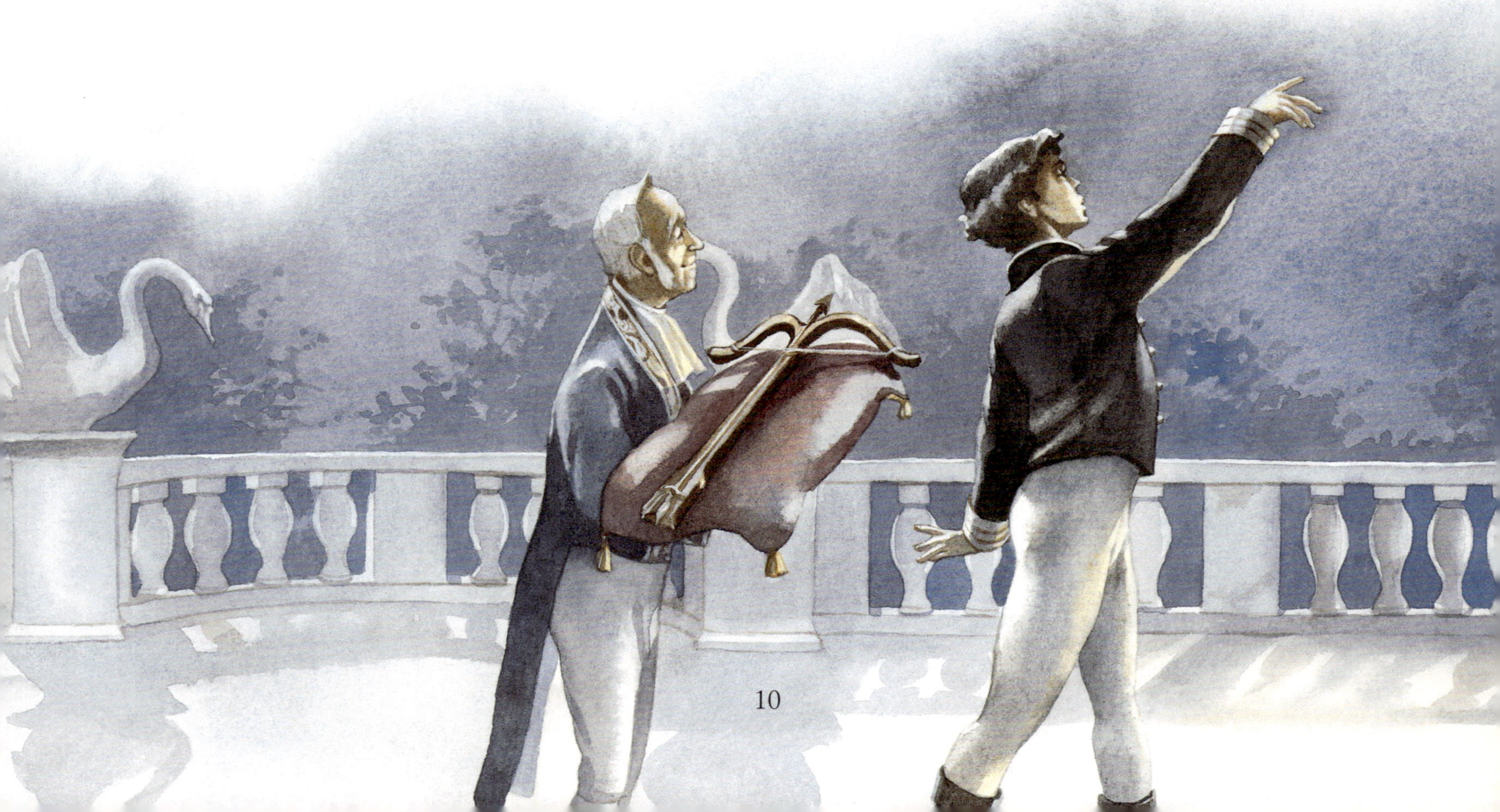

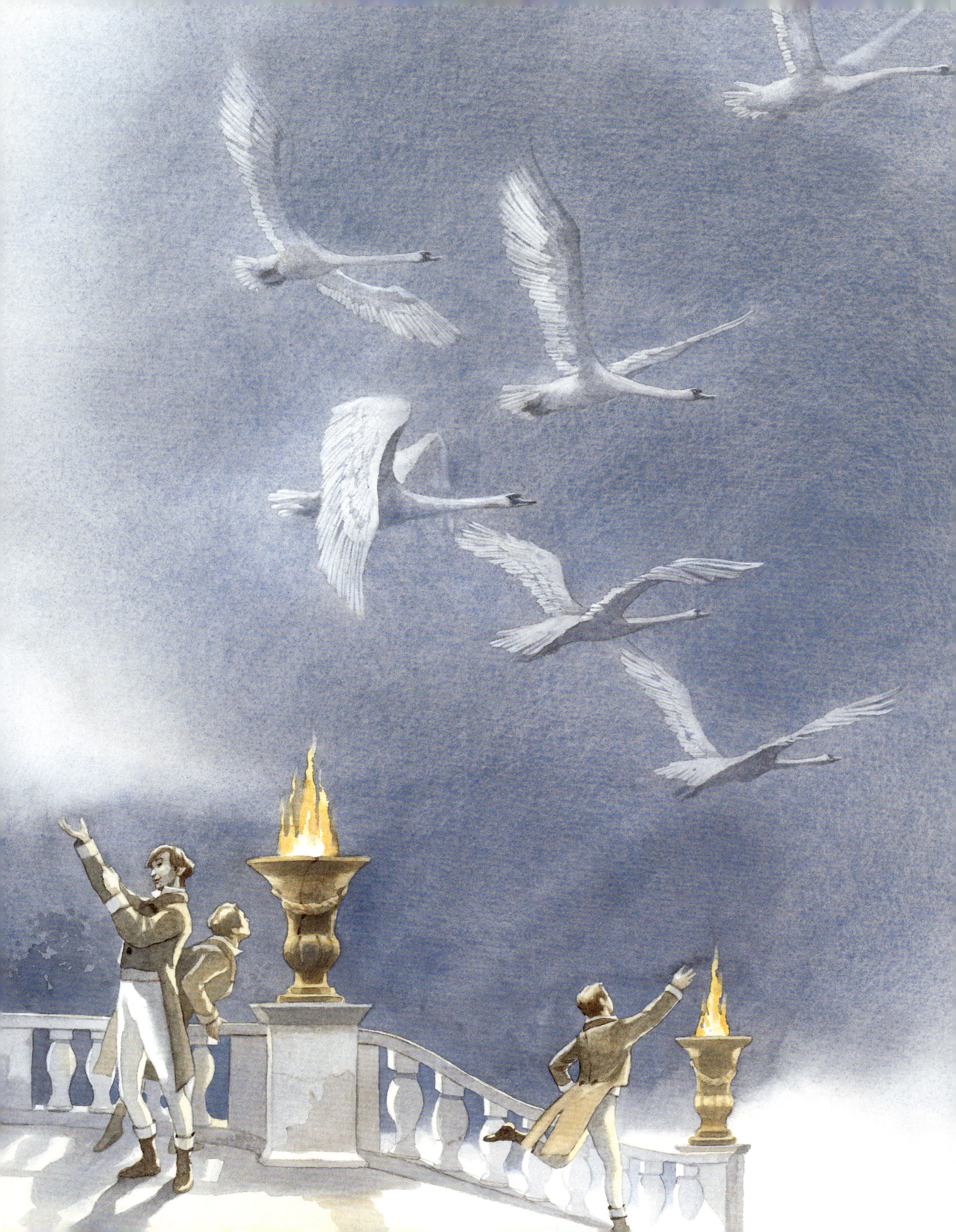

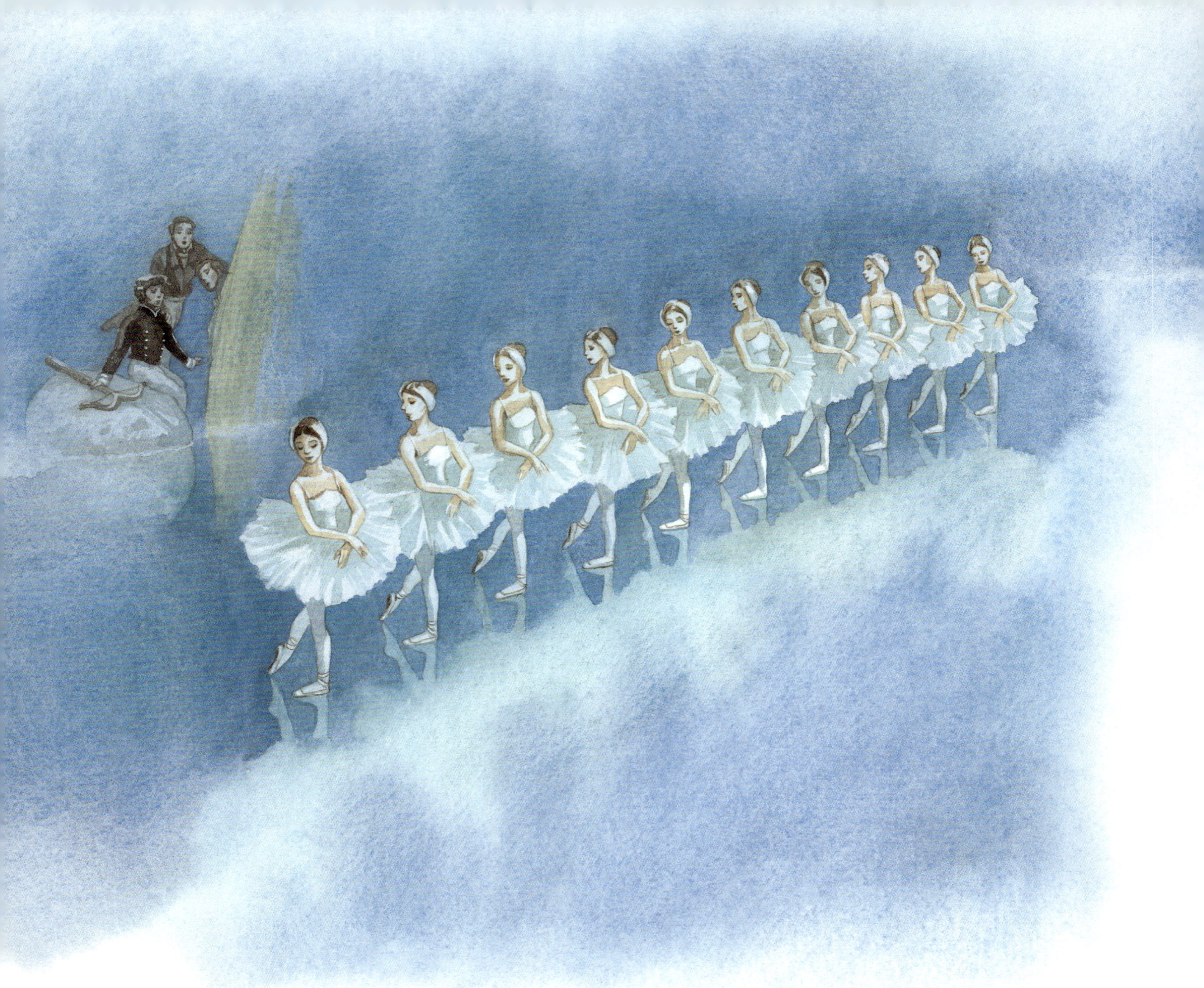

## 2. Akt – Am Waldsee

13+14 Da ist sie wieder, diese Musik. Und da sind auch die Schwäne auf dem Waldsee.

Noch einmal bleibt der Prinz hinter seinen Freunden zurück. Er spürt einen geheimen Zauber.

»Jagt nicht die Schwäne!«, ruft Siegfried seinen Freunden zu, die soeben mit der Jagd beginnen. »Es liegt ein Geheimnis über dem See!«

Die anderen Männer legen die Waffen ab. Und als hätten die Schwäne Siegfrieds Worte verstanden, kommen sie näher und tanzen aus Dankbarkeit für den Prinzen und seine Freunde.

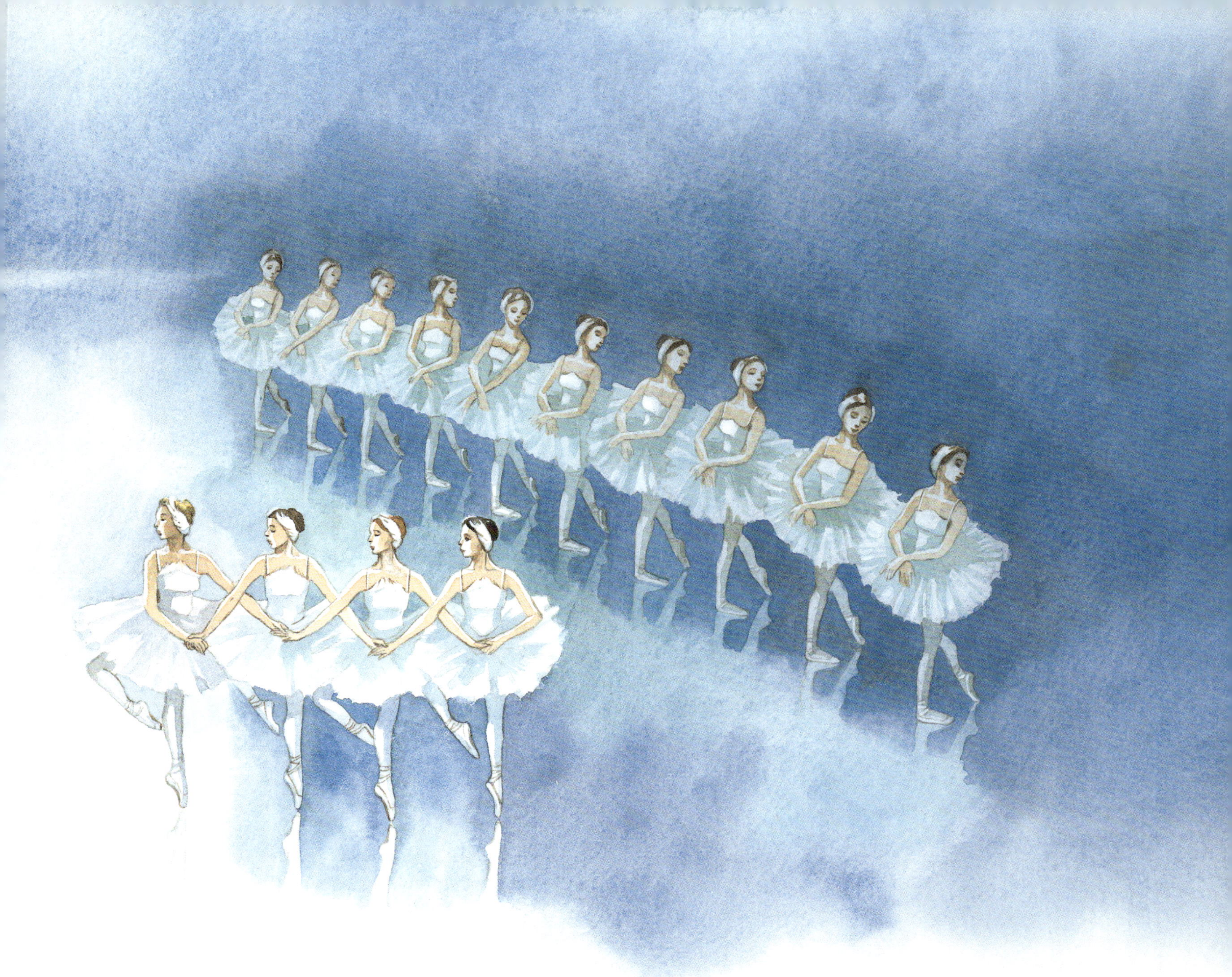

Erst tanzen die großen, dann die kleinen Schwäne. Der Tanz der kleinen Schwäne ist besonders reizend. Er ist einer der bekanntesten Tänze, die es im Ballett gibt. Vier junge Schwanentänzerinnen halten sich überkreuzt an den Händen und zeigen mit genau abgestimmten, und exakt gleichen Bewegungen ihre Tanzschritte. Alle Kostüme und die Röckchen, die man Tütü nennt, sind natürlich weiß. Es ist ein zauberhafter und entzückender Anblick für das Publikum.

15+16

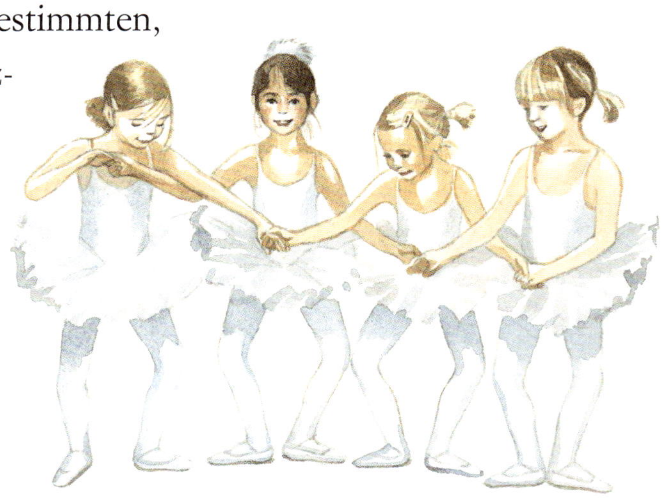

Einer der Schwäne nähert sich dem Prinzen und – Siegfried glaubt es kaum – anstelle des Schwanes steht kurz darauf eine weiß gekleidete, wunderschöne Prinzessin vor ihm. Es ist Odette, die zusammen mit all ihren Freundinnen vom bösen Zauberer Rotbart mit einem schrecklichen Fluch belegt wurde.
»Er hat uns in Schwäne verwandelt«, erzählt sie traurig dem Prinzen. »Nur von Mitternacht bis zum Morgengrauen erlangen wir unsere Menschengestalt zurück!«
Prinz Siegfried verliebt sich auf der Stelle in die schöne Odette.
»Wie kann ich dir helfen?«, fragt er.
»Erlöst werde ich nur«, erklärt Odette, »wenn mich ein Mann heiratet,
17+18 der mich liebt, so wie ich bin, einer der mich ewig lieben wird und der
auch keine andere liebt.«

Zu bedrohlichen Klängen erscheint Rotbart, der Zauberer, verkleidet als großer, dunkler Raubvogel. Manche Kinder im Saal gruseln sich richtig vor seinen grimmigen Blicken. Misstrauisch beobachtet Rotbart den Prinzen und Odette, schlägt bedrohlich mit den Flügeln, lacht schadenfroh und verschwindet wieder hinter die Bühne.
»Komm morgen Abend zu unserem Festball auf das Schloss!«, beschwört Siegfried Odette. »Ich werde dich zu meiner Braut wählen! Die anderen Frauen interessieren mich nicht, ich möchte nur dich! Wir heiraten! Dann bist du für immer erlöst und wir führen ein glückliches Leben!«
Odette will versuchen, seiner Einladung zu folgen. Längst hat auch sie sich in den Prinzen verliebt. Sie weiß nur nicht, ob Rotbart ihren Besuch im Schloss mit seiner Zauberkraft verhindern wird.
Doch Rotbart hegt ganz andere Pläne …

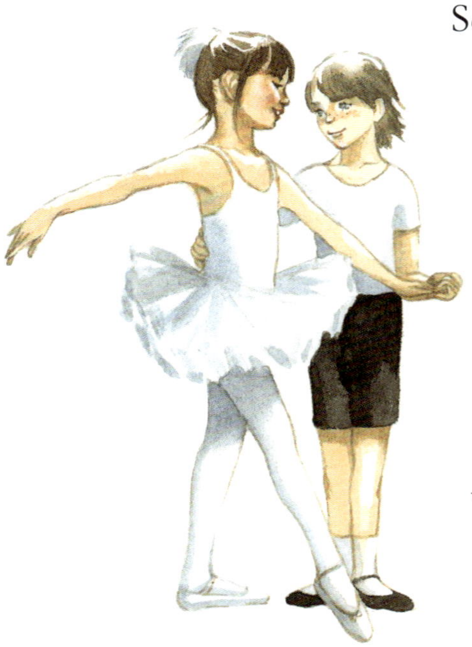

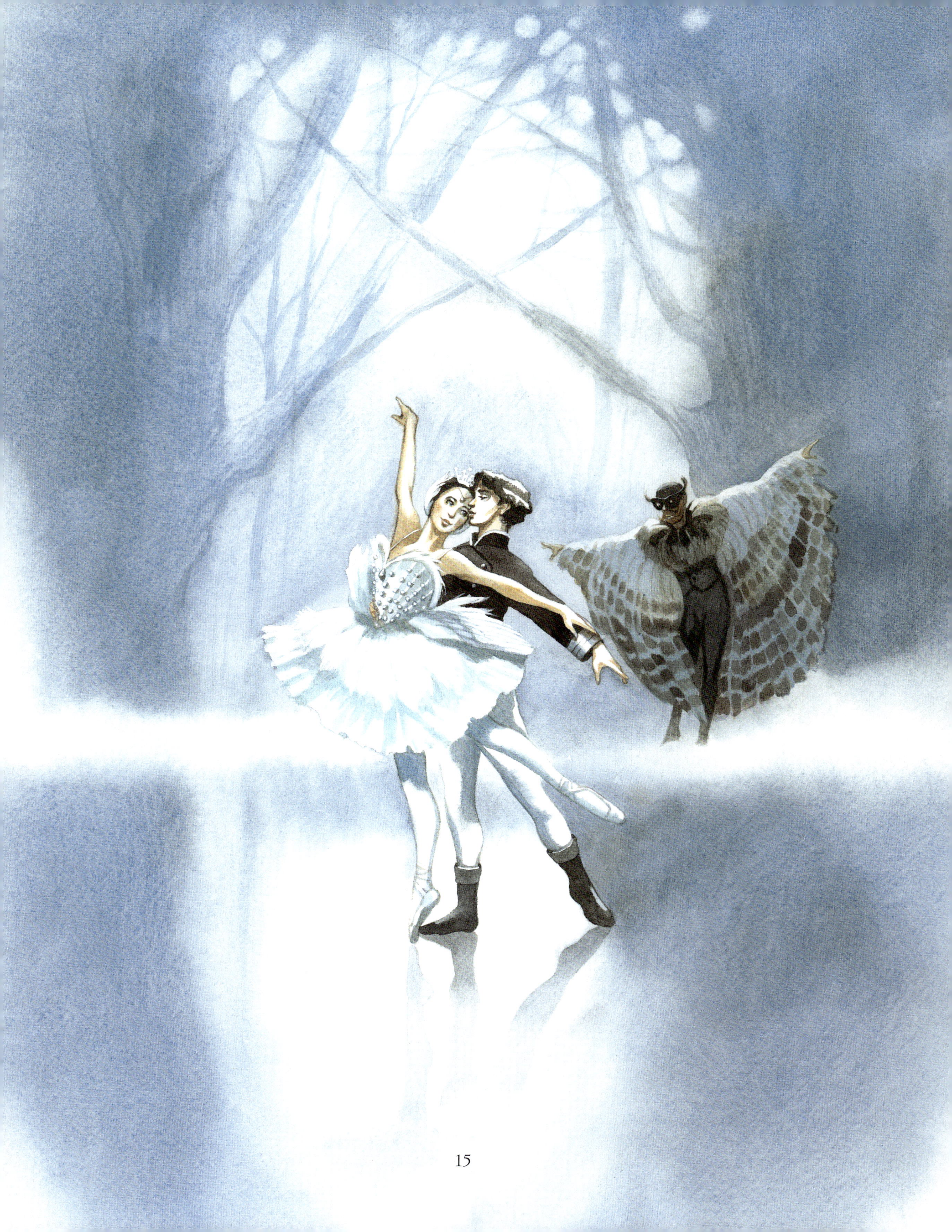

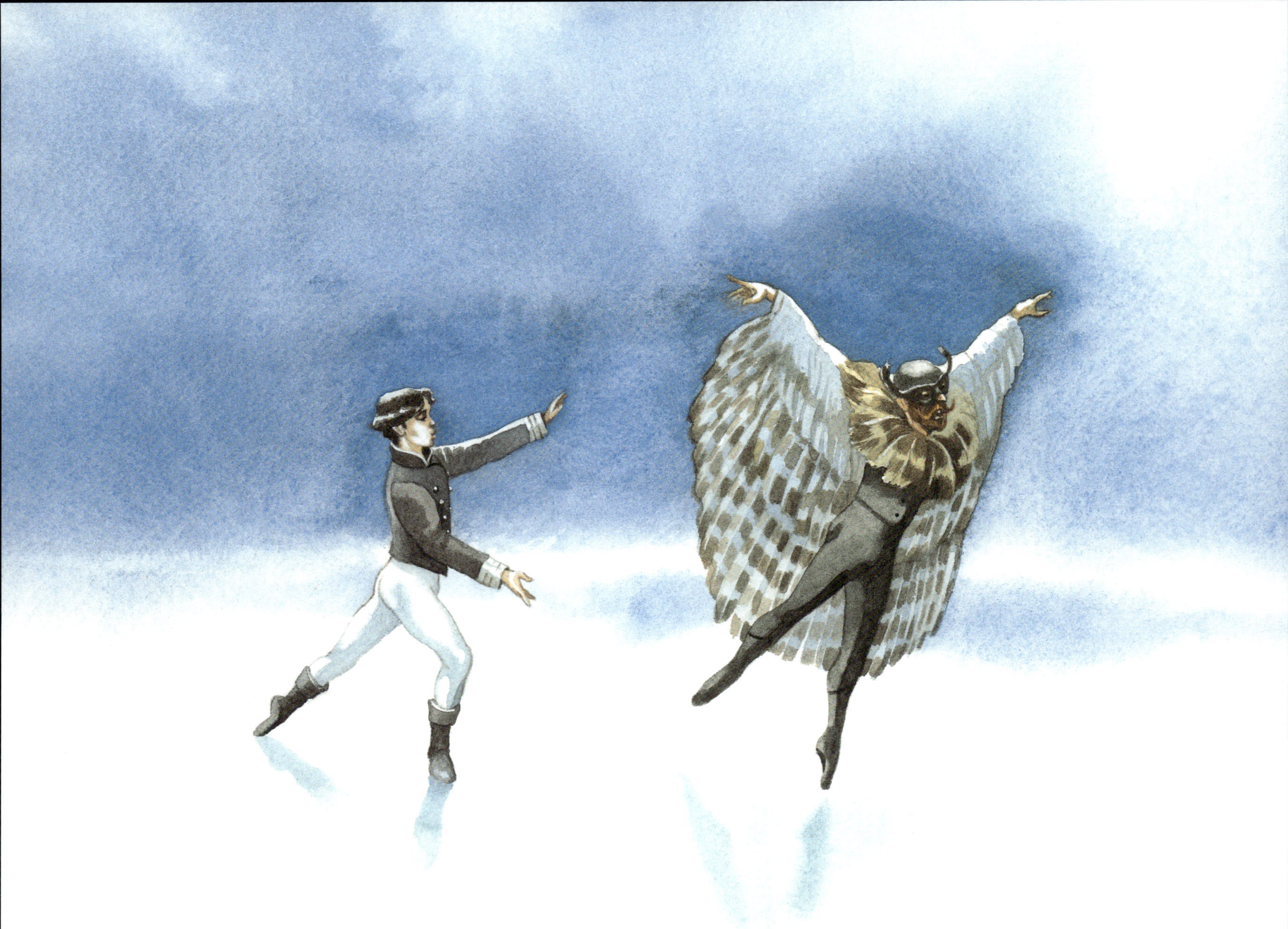

Der Tag bricht an. Plötzlich wird die Musik düster und bedrohlich.
19+20 Der böse Rotbart schwingt seine Arme und treibt die Schwäne auf den See hinaus.

»Bleib mir treu und halte fest zu mir!«, ruft Odette Prinz Siegfried zu, ehe sie in einen Schwan zurückverwandelt wird und aufs Wasser hinaus muss.

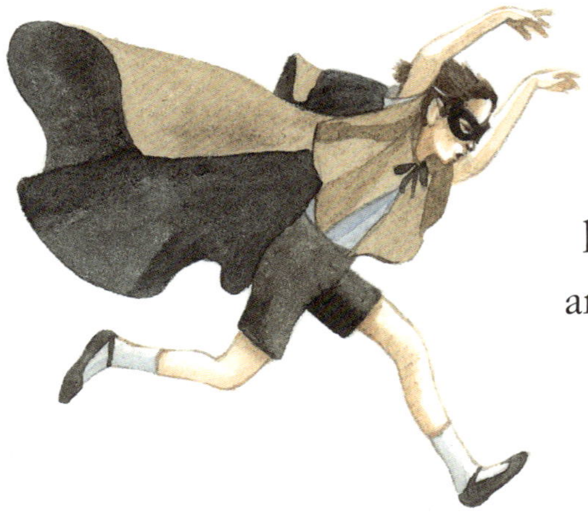

»Ich verspreche es!«, ruft Siegfried und sieht, wie die Schwäne davonschwimmen.

Hoffentlich kommt Odette zum Festball, denkt Siegfried. Dann wird sie erlöst, ich darf die Frau heiraten, die ich liebe, und muss nicht irgendeine andere auswählen.

Mit seinen Freunden macht er sich auf den Weg zurück zum Schloss.

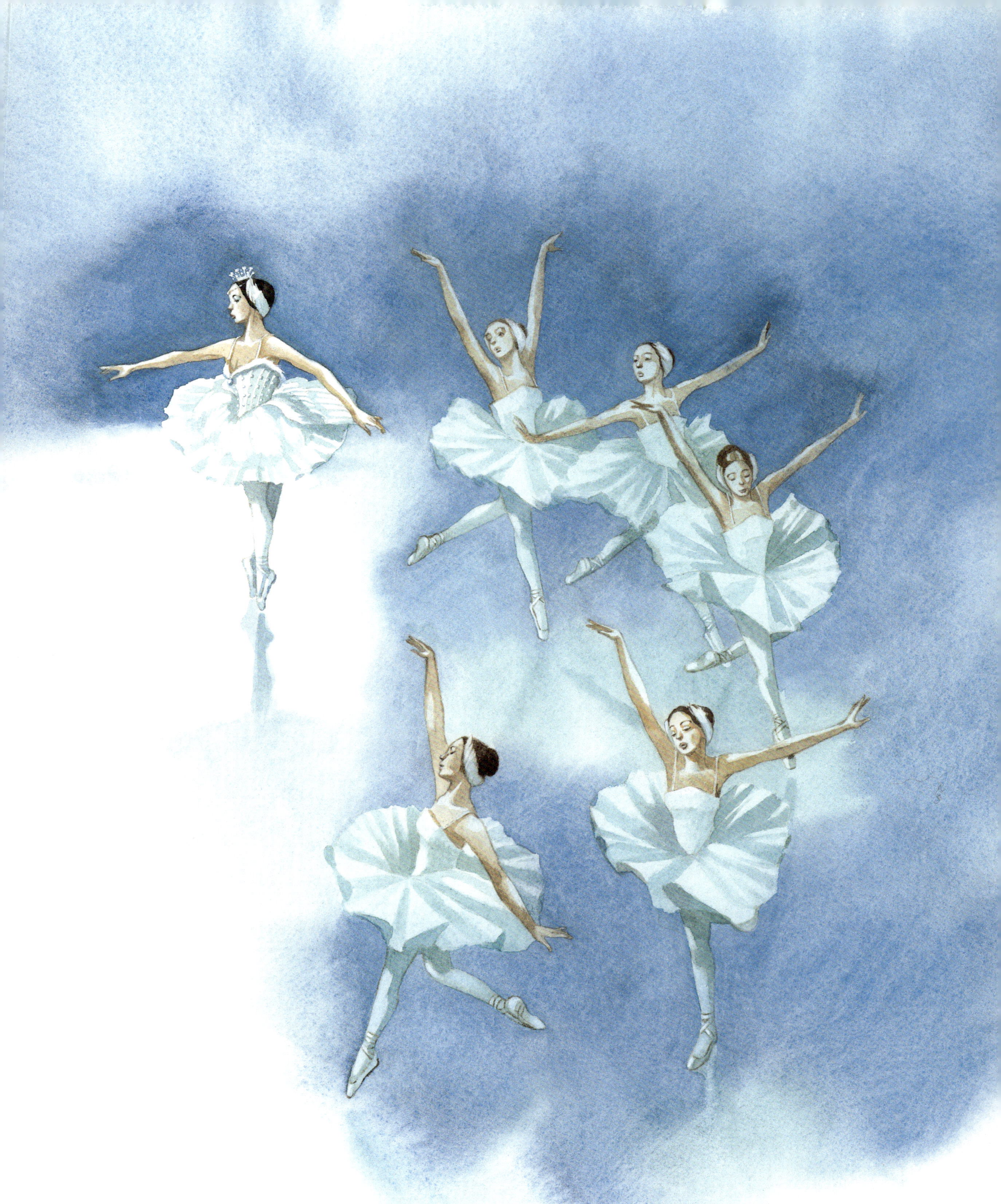

**3. Akt – Festball im Schloss**

Der Festball am nächsten Abend wird ein rauschendes Ereignis.
Die Königin lädt zu Ehren des jungen Prinzen auf ihr Schloss. Heute soll Siegfried eine Wahl treffen und seine künftige Gemahlin bestimmen.
Viele Gäste sind bereits erschienen. Die Musik klingt feierlich und besonders fröhlich. (𝄞 21+22) Die Menschen haben gute Laune, sie essen und trinken, sie tanzen und freuen sich für das Geburtstagskind.

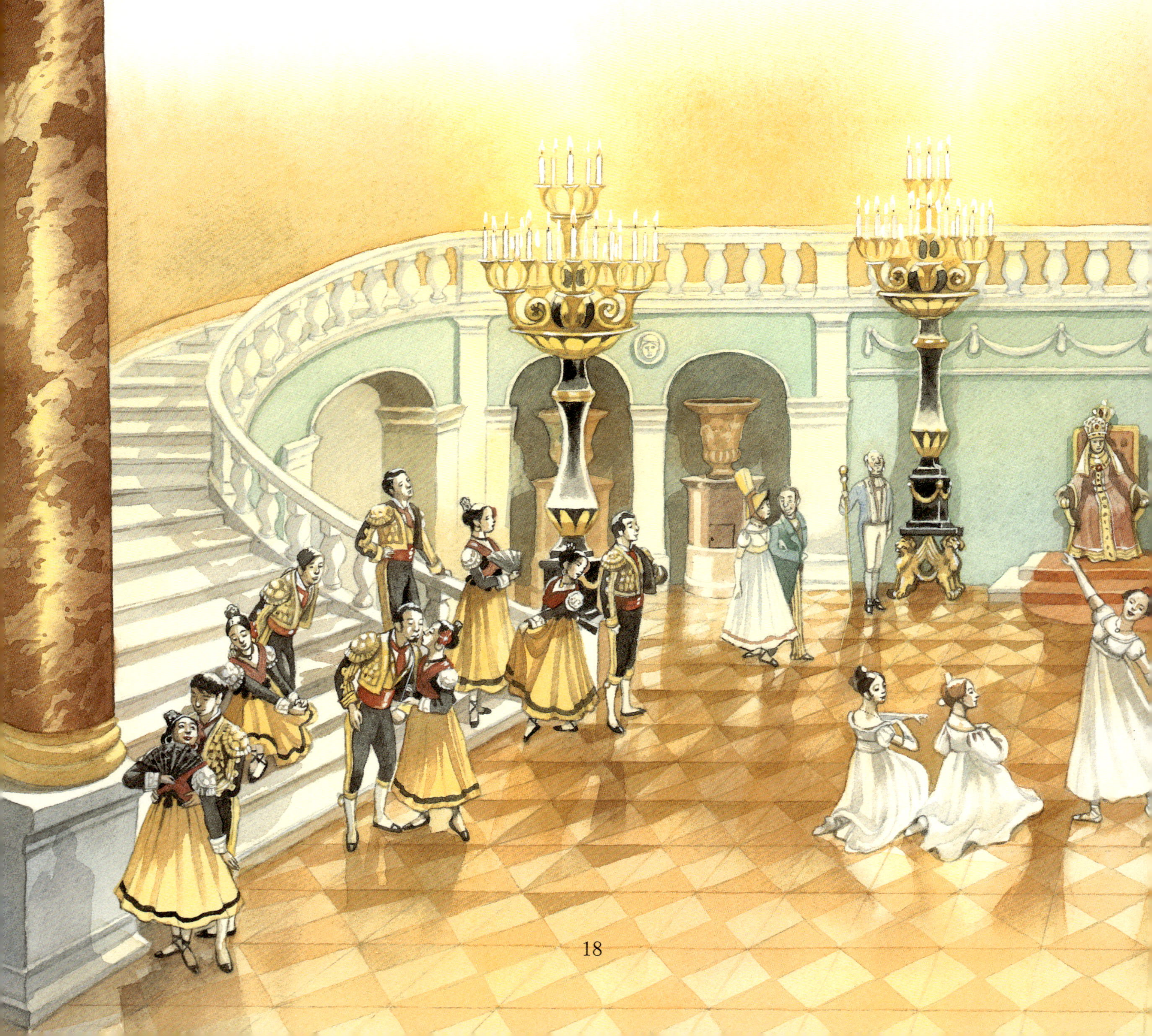

Sechs Edelfräulein werden hereingeführt. Unter ihnen soll Siegfried seine Braut finden. Mit jeder probiert er ein kleines Tänzchen, doch zu keiner fühlt er sich hingezogen.
Mit keiner von ihnen, denkt er, werde ich glücklich werden. 23+24

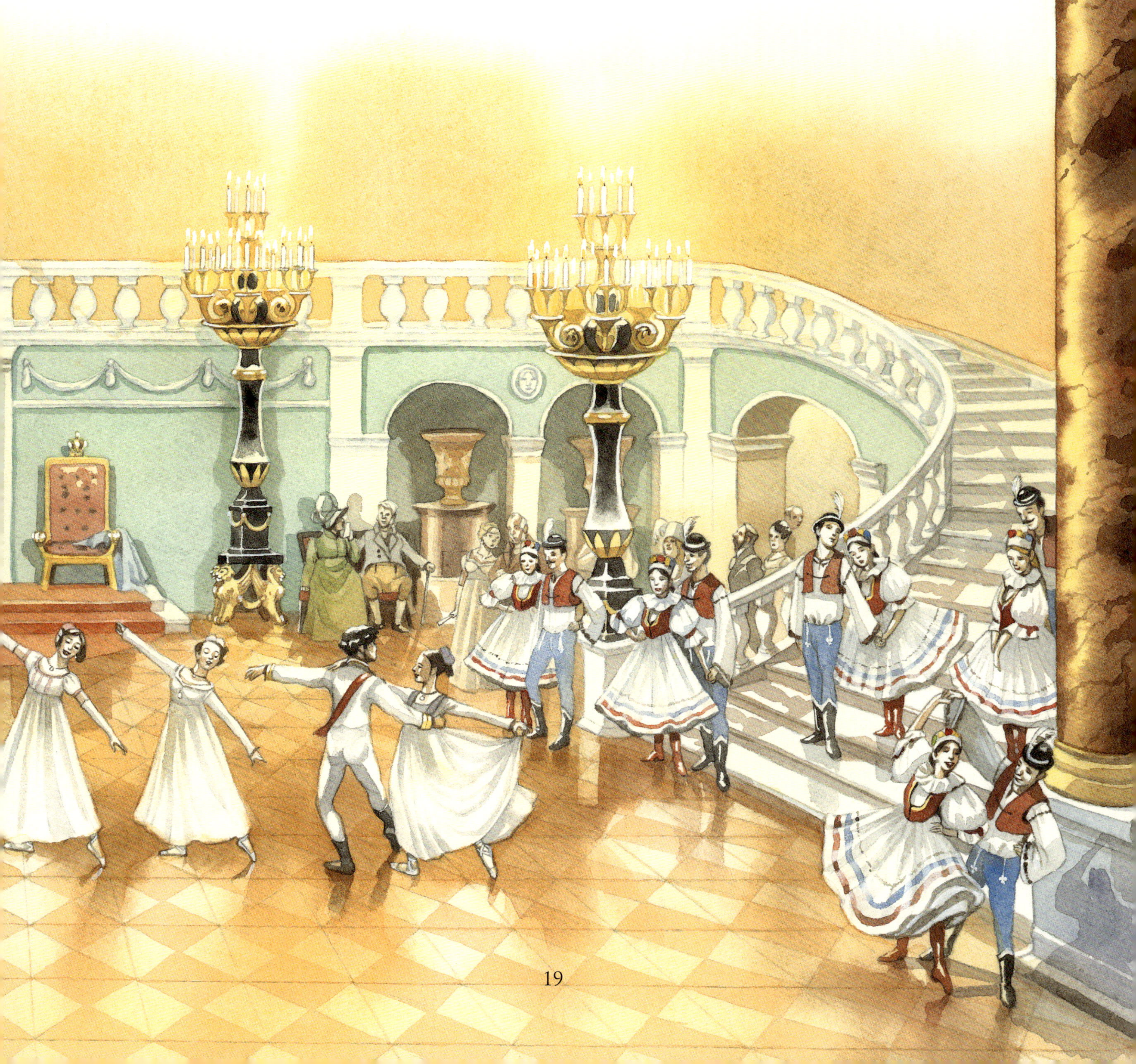

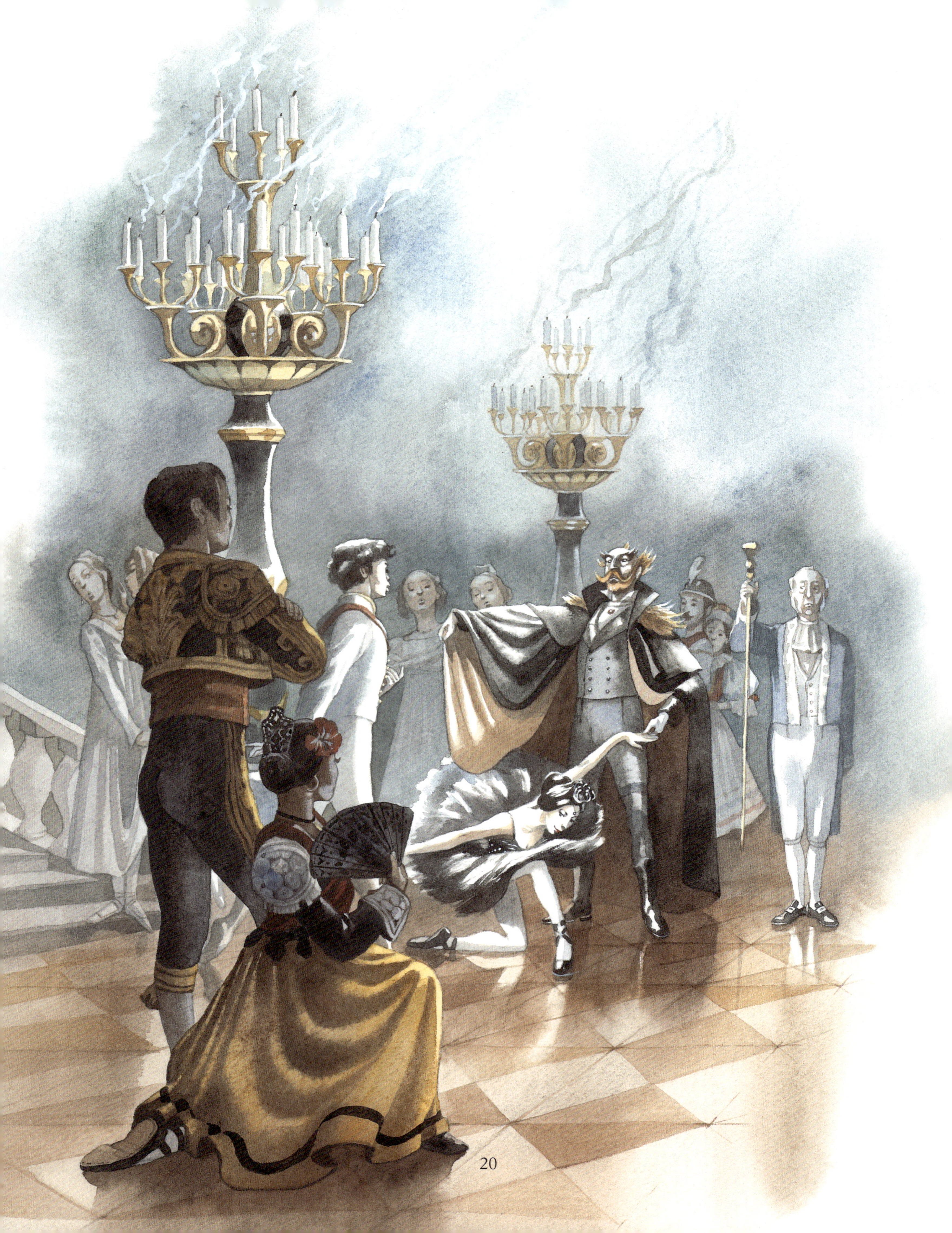

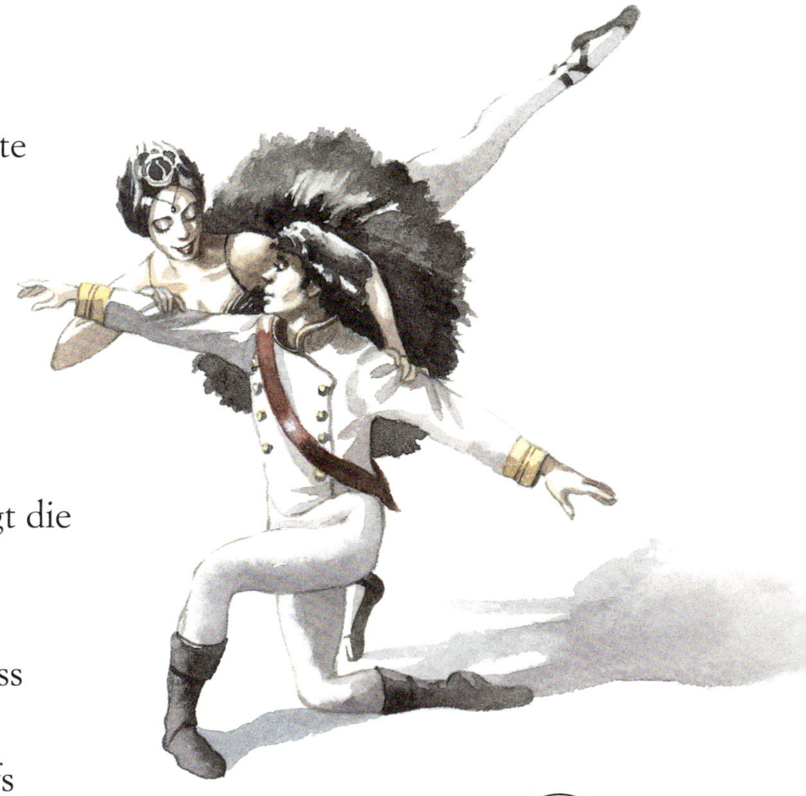

Da, plötzlich, Trompetenfanfaren, zwei Gäste werden angekündigt. Wer wird es sein? Neugierde erfüllt den Saal. Siegfried glaubt sogar, die Melodie der Schwäne kurz in der Musik zu erkennen.
Unter großer Aufmerksamkeit der Festgäste erscheinen ein prächtiger Herr mit einer anmutigen jungen Frau. Der Herr trägt die schönsten Kleider, die junge Frau ist ganz in Schwarz gekleidet.
Kann es sein, denkt Siegfried – nein, es muss sein, es ist Odette. Mit Hilfe des geheimnisvollen Herrn hat sie es geschafft, zu ihm aufs Schloss zu kommen. Sie sieht genau so aus wie 25+26
die Schwanenprinzessin in der vergangenen Nacht.
Siegfried wird es warm ums Herz und er fordert die junge Dame zum Tanz auf. Alles soll nun gut werden.
Als die Musik aber kräftiger wird, da klingt es so, als würde ein Unheil seinen Lauf nehmen.
Denn was Siegfried nicht weiß: Der prächtige Herr ist niemand anderes als der Zauberer Rotbart, der sich aufs Herrlichste verkleidet hat. Und Prinz Siegfried tanzt keineswegs mit seiner geliebten Prinzessin Odette, sondern 27+28
mit Odile, der Tochter des bösen Zauberers!
Doch niemand im Saal scheint das gemeine Spiel Rotbarts zu erkennen. Im Gegenteil, die ausgelassene Stimmung steigert sich und Gruppen aus vielen Ländern zeigen ihre Tänze: Ungarische, italienische und spanische Volkstänze sind zu sehen. Alle erfreuen sich am Klappern der spanischen 29+30
Kastagnetten und staunen über die Darbietungen.

Da, schon wieder diese Unheil verkündenden Klänge. Doch Siegfried bemerkt den Schwindel nicht. Zu sehr ist er vom Anblick Odiles gebannt. Sie sieht Odette auch wirklich allzu täuschend ähnlich.

Siegfried erklärt, dass er die Tochter des geheimnisvollen Gastes heiraten will. Freudestrahlend verspricht er Odile die Ehe.

Seine Mutter gratuliert ihm zu der guten Wahl.

Alle jubeln ihm zu, doch in diesem Moment erscheint im Hintergrund seine geliebte Schwanenprinzessin Odette. Entsetzt wendet sie sich ab und flieht zu ihren Freundinnen auf den See.

Ein gewaltiger Donner bricht nieder und Rotbart verlässt mit Odile die Gesellschaft.

»Denk an dein Versprechen!«, ruft er Siegfried beim Entschwinden lachend zu.

31+32 Verzweifelt erkennt der Prinz die hinterhältige Täuschung und sinkt besinnungslos zu Boden.

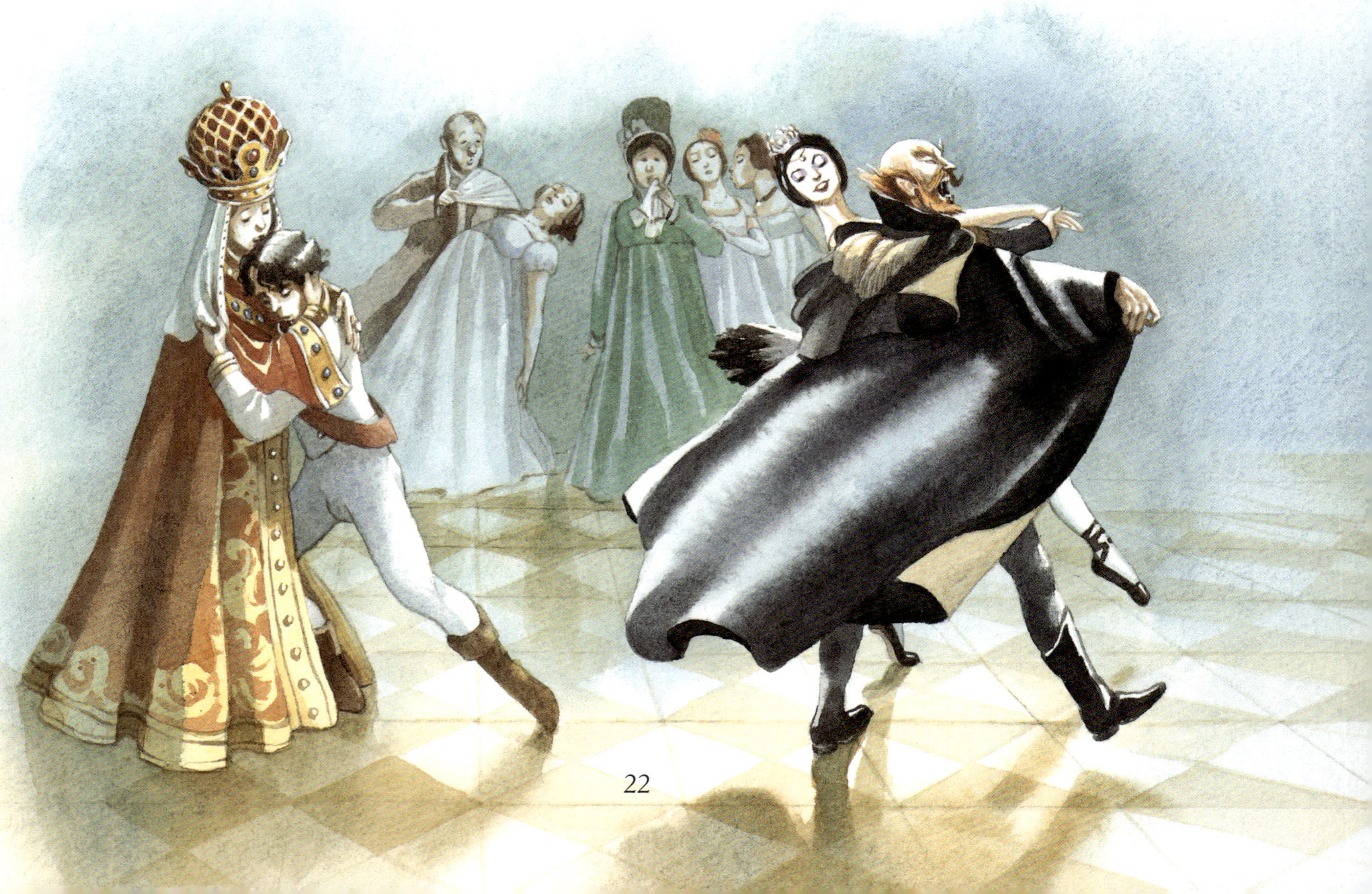

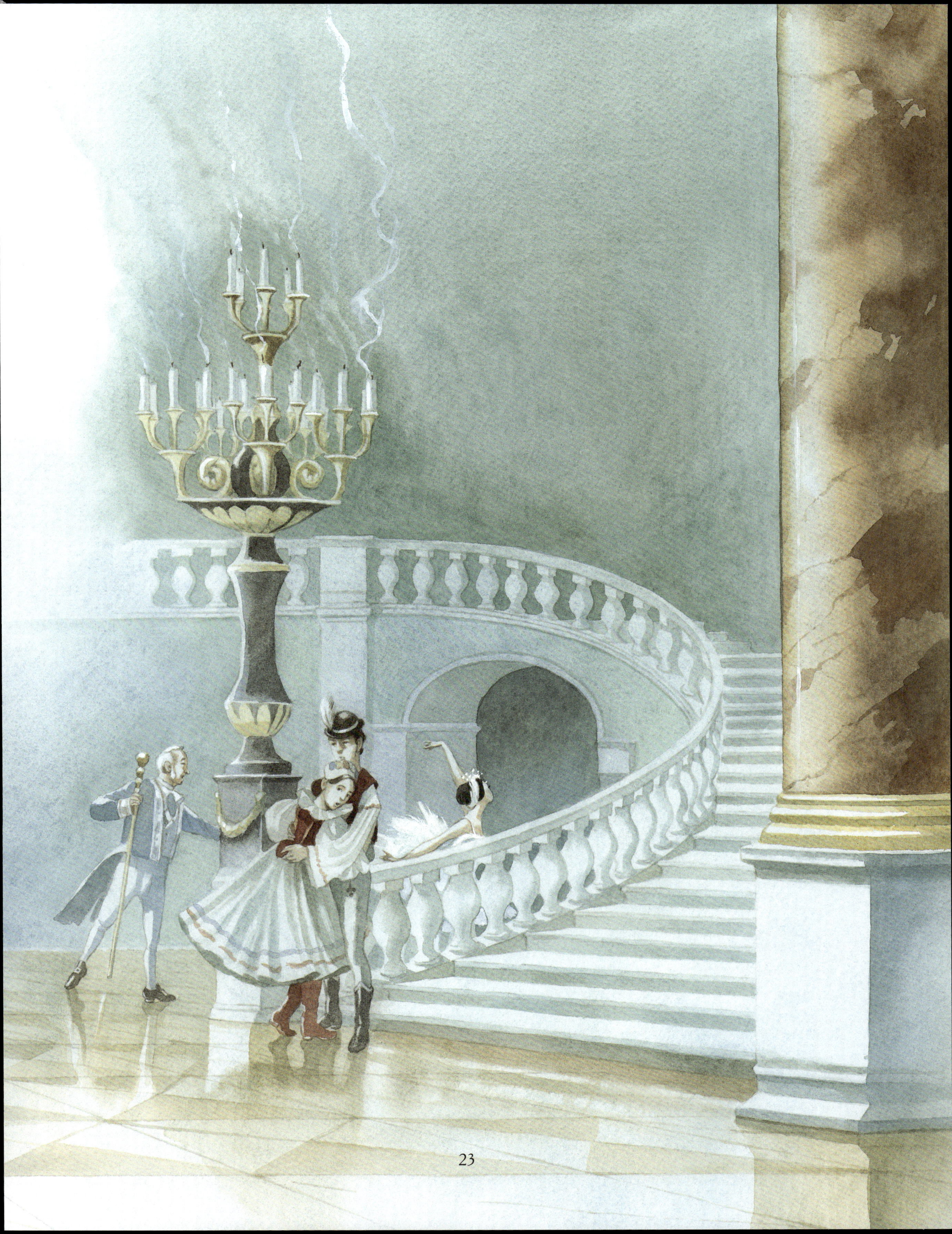

## 4. Akt – Am Waldsee

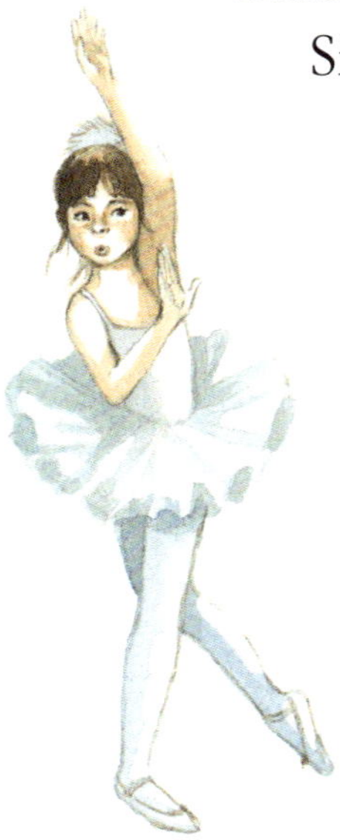

Traurig berichtet Odette den anderen Schwanenmädchen von Siegfrieds Verrat und ihrer großen Enttäuschung. Nun werden sie alle für immer Schwäne bleiben müssen.

Aber Prinz Siegfried kämpft um seine liebste Prinzessin. Außer Atem kommt er zum See gelaufen und wirft sich Odette zu Füßen.

»Vergib mir, Odette!«, bittet er. »Rotbart hat mich getäuscht! Mit einem gemeinen Trick hat er mir die Augen verdreht. Nie werde ich mit Odile zusammen sein! Ich liebe nur dich!«

Odette glaubt dem Prinzen und vergibt ihm. Glücklich nimmt Siegfried sie in die Arme. 33+34

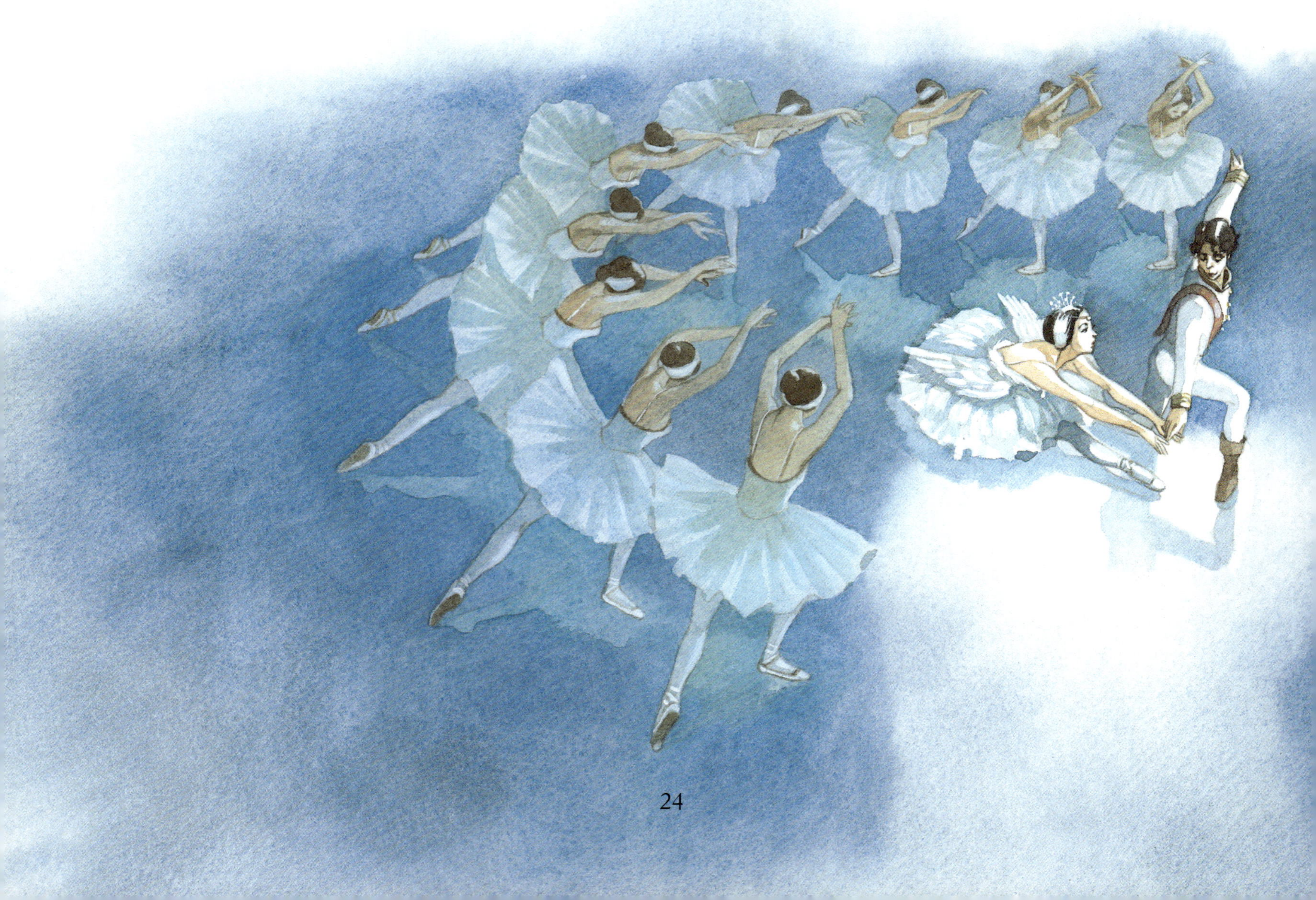

Doch ihr Glück währt nicht lange. Grausam lachend tritt Rotbart aus dem Wald und fordert von Siegfried die Einhaltung ihrer Vereinbarung.
»Meine Tochter Odile wartet auf die Hochzeit!«, ruft er.
»Nie werde ich sie heiraten!«, ruft Siegfried zurück. »Eher gehe ich mit den Schwänen in den See und ertrinke!«
Und so kommen wir zum großen Finale.

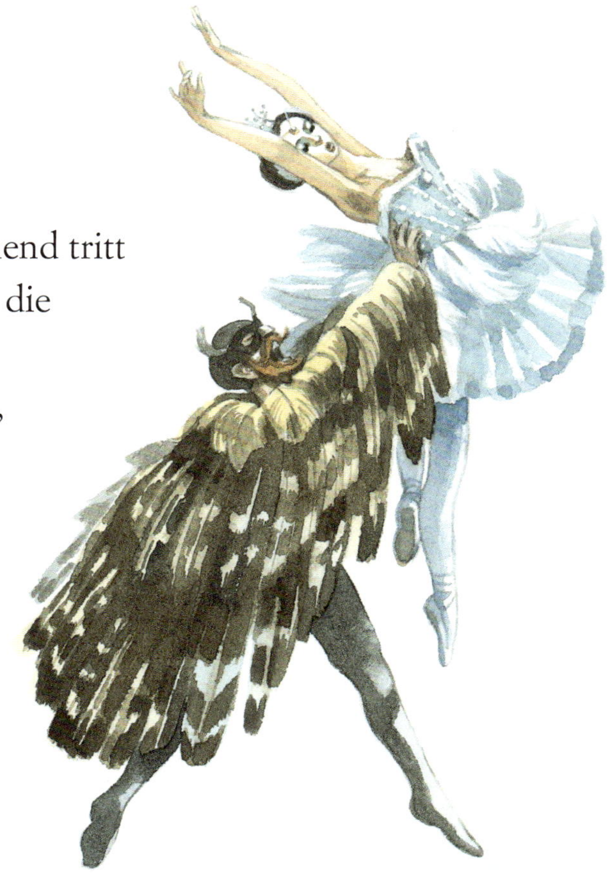

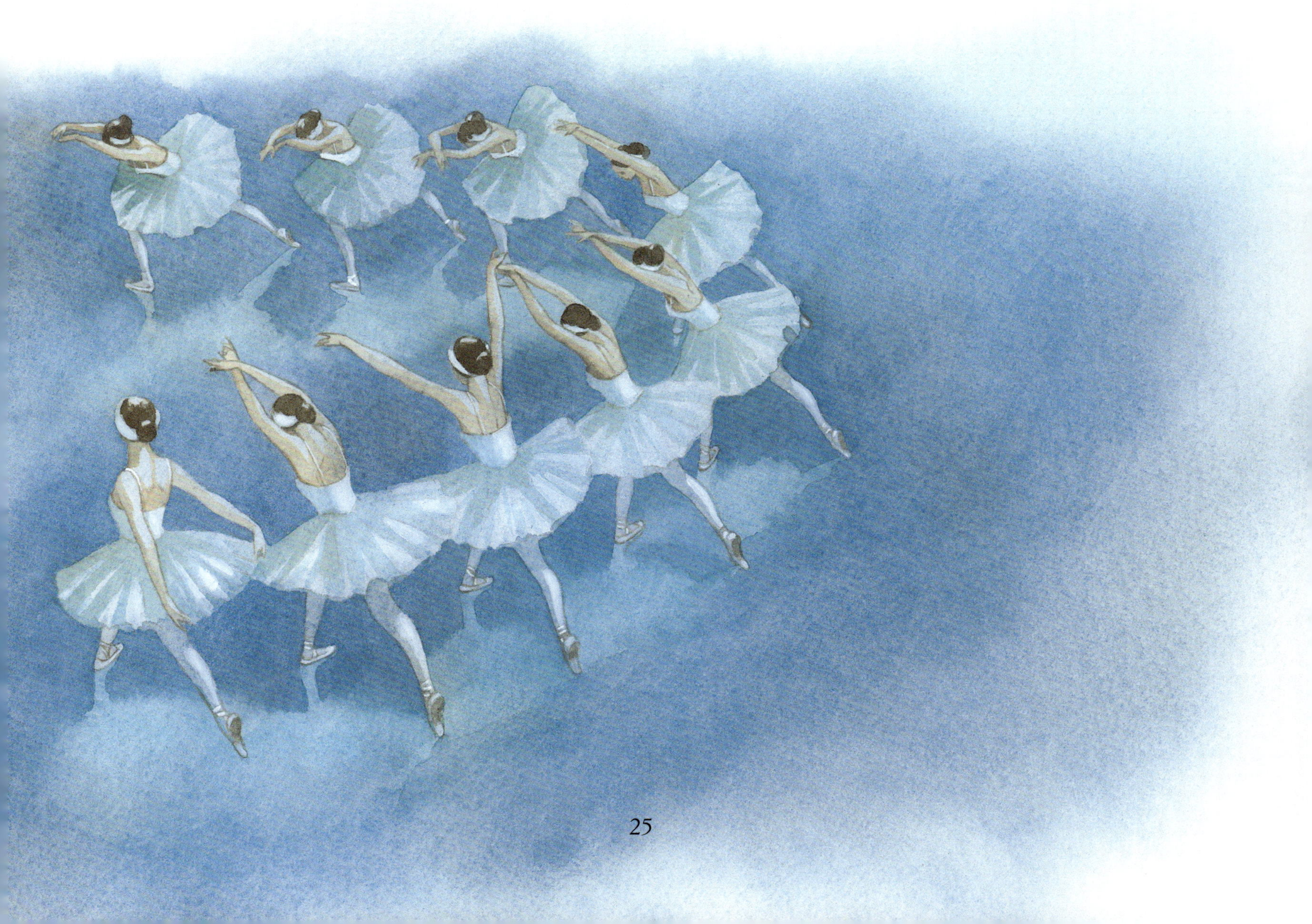

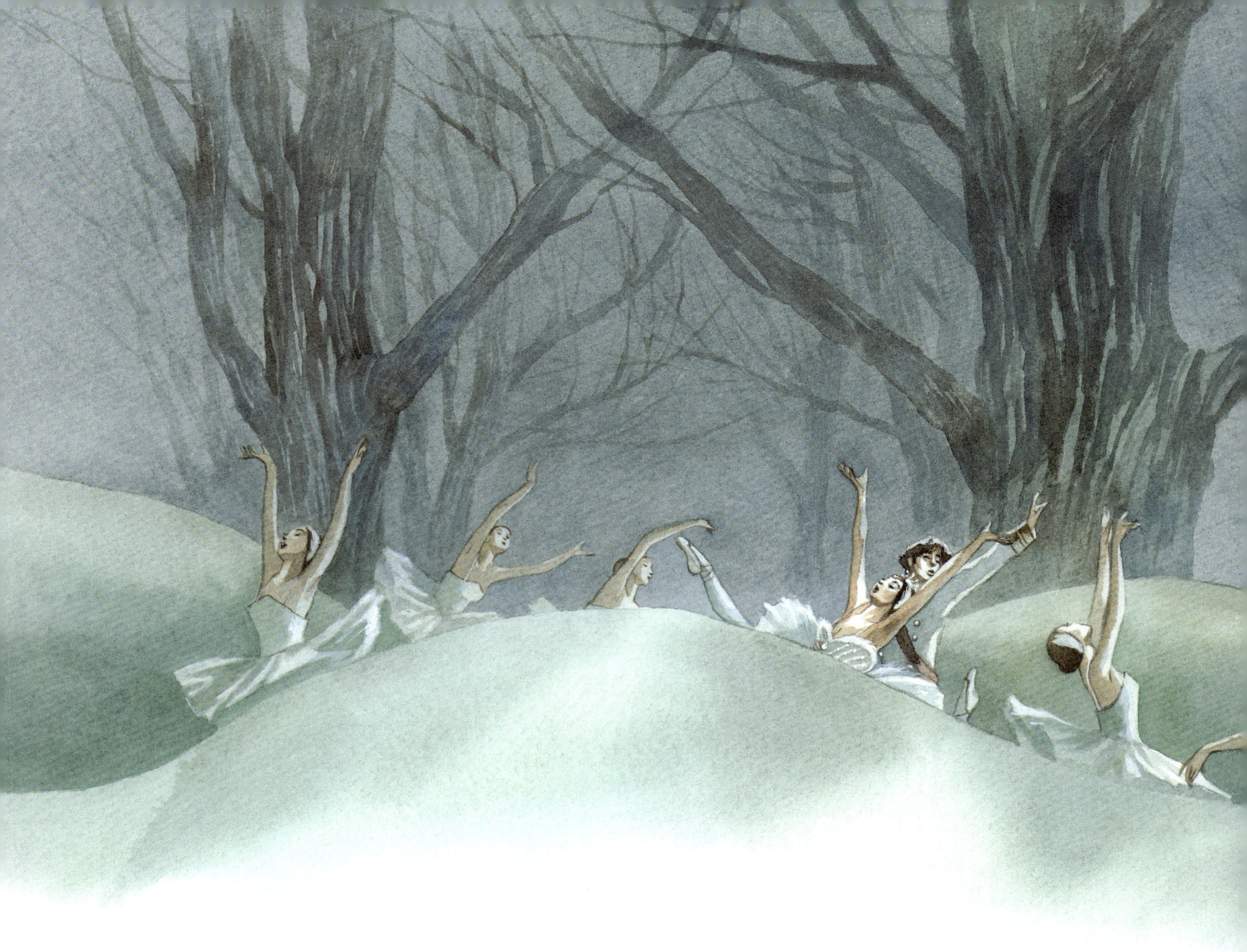

Rotbart beschwört eine Sturmflut herauf, um die Schwäne zu vernichten. Riesige Wellen, die auf der Bühne mit langen Stoffbahnen nachgemacht werden, reißen die Schwäne mit sich. Das Orchester spielt stürmische Musik dazu. Immer wieder sehen wir Odette, die, mit dem Wasser kämpfend, zwischen den Wellen auftaucht.

Ohne an sein eigenes Leben zu denken, stürzt sich Siegfried in die Fluten. Unter allergrößter Gefahr rettet er seine geliebte Odette aus dem Wasser und besiegt damit Rotbarts Zaubergewalt. Auch die anderen Schwäne sind
35+36 dadurch gerettet.

Rotbart bricht zusammen.

Odette aber ist in menschlicher Gestalt mit Siegfried vereint. Die Liebe
37 der beiden war größer als Rotbarts böse Zauberkraft.

Der See liegt still im Mondschein vor ihnen.

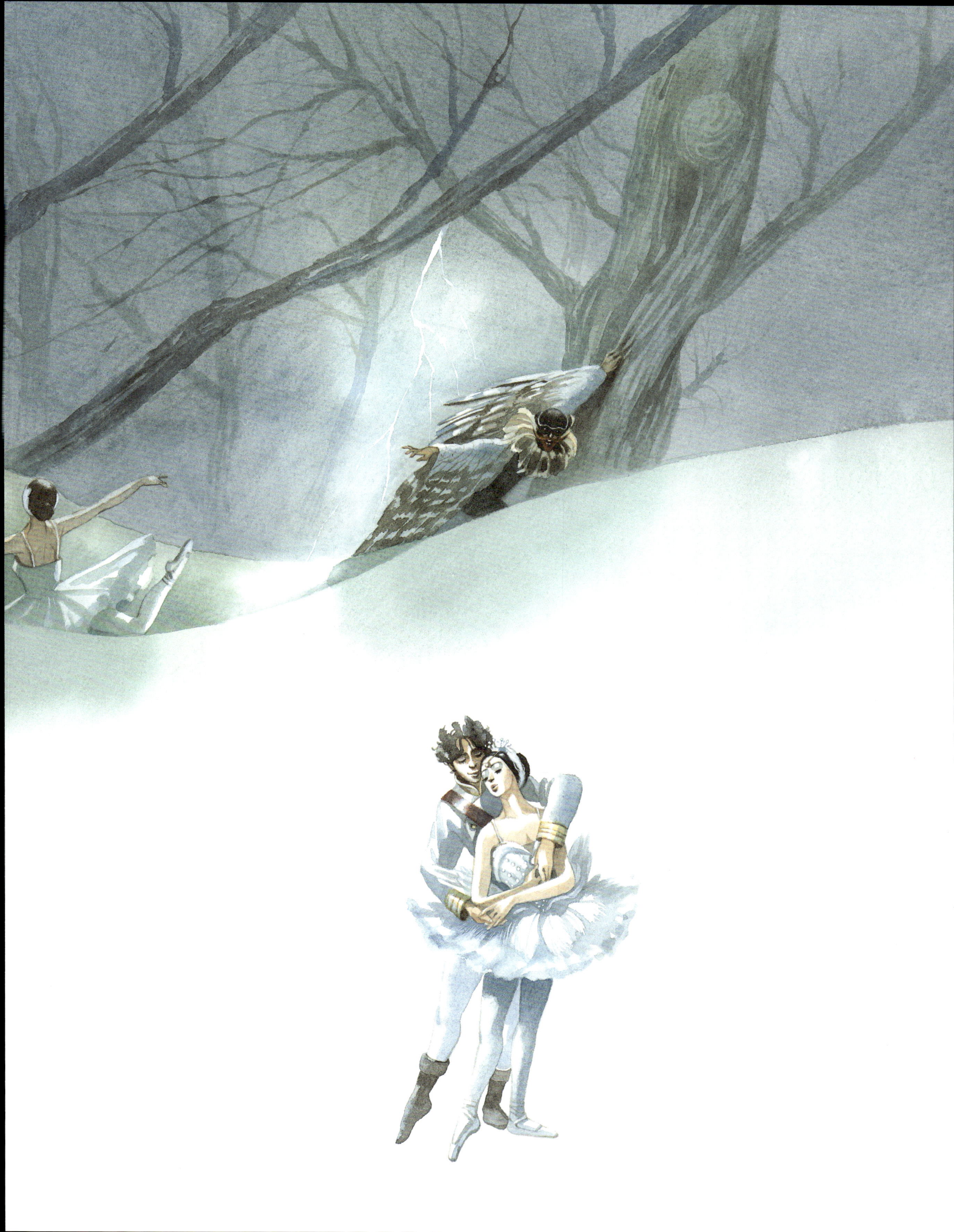

Die Aufführung ist zu Ende. Alle Mitwirkenden kommen auf die Bühne, um sich zu verbeugen.

Das Publikum klatscht Beifall. Den kräftigsten Applaus gibt es für die Tänzerin der Odette, die auch die Odile getanzt hat, und für den Tänzer des Siegfried. Am Ende wurde es ja ganz schön spannend für die beiden. Und auch für das Publikum im Saal war es ziemlich aufregend. Aber zum Glück ist alles gut ausgegangen.

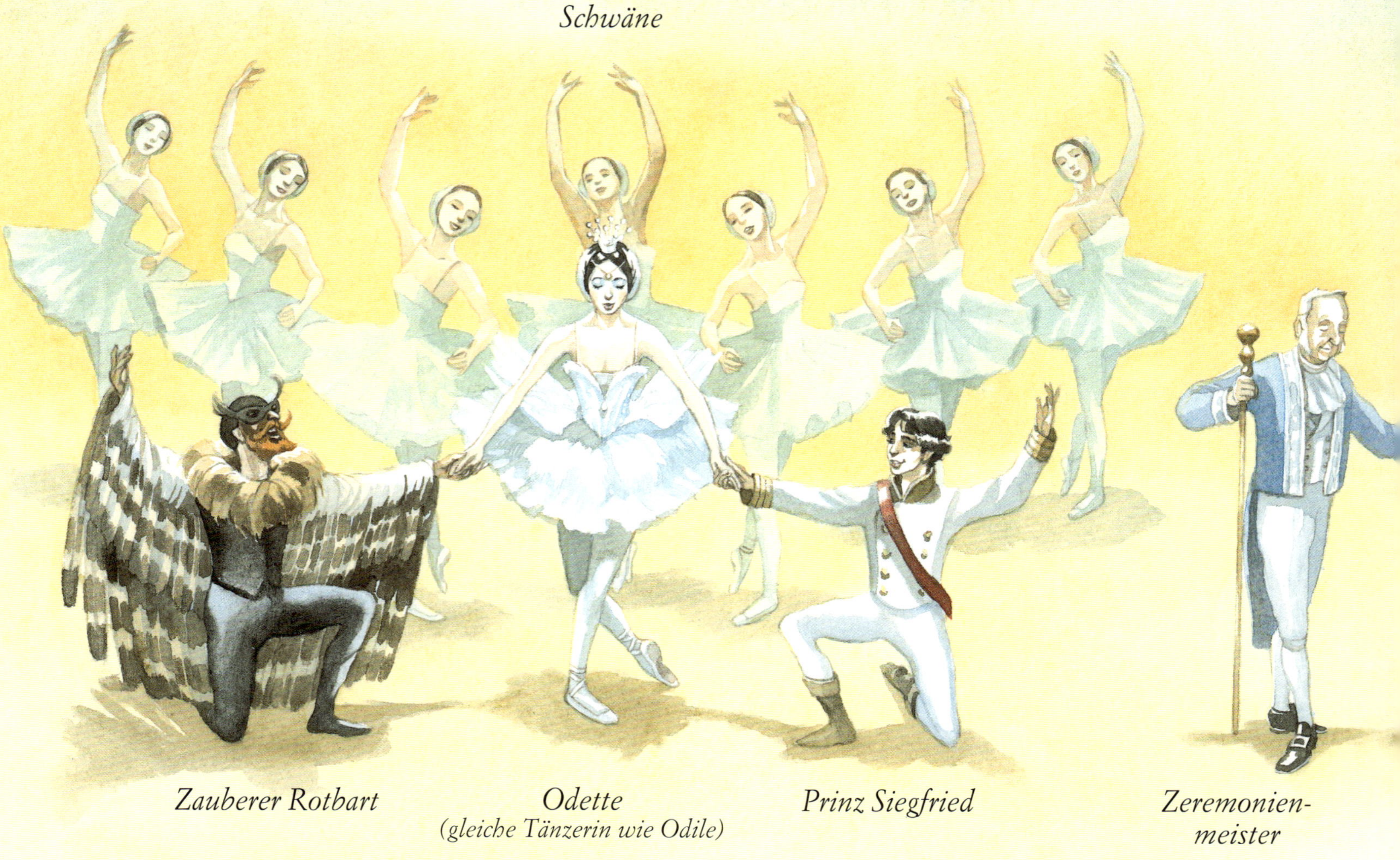

Natürlich gibt es auch großen Beifall für das Orchester und für den Dirigenten.
Bestimmt denken einige Kinder am Ende der Vorstellung daran, wie schön es wäre, einmal selbst als Tänzerin oder als Tänzer auf der Bühne auftreten zu dürfen.
Wer weiß, vielleicht sogar als Prinz Siegfried oder als Odette, die anmutige Schwanenprinzessin …

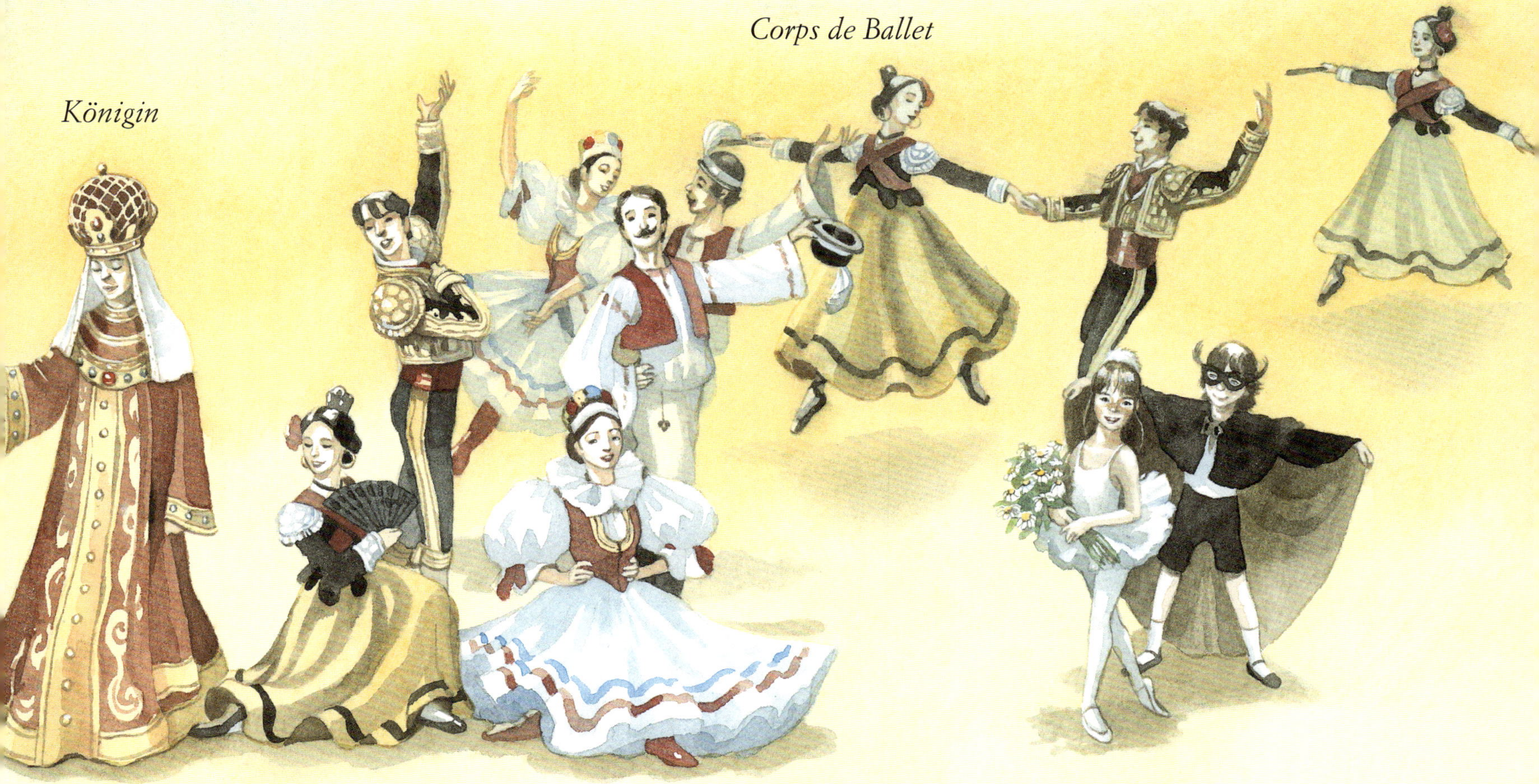

## Die Grundpositionen

Im Ballett gibt es fünf Grundpositionen. Für alle weiteren Tanzschritte und Figuren sind sie die wichtigste Voraussetzung. Entscheidend sind die richtige Körperhaltung, die Haltung der Arme, der Hände und Finger, der Beine und der Füße. Auch berühmte Tänzerinnen und Tänzer üben sich immer wieder an diesen Positionen.

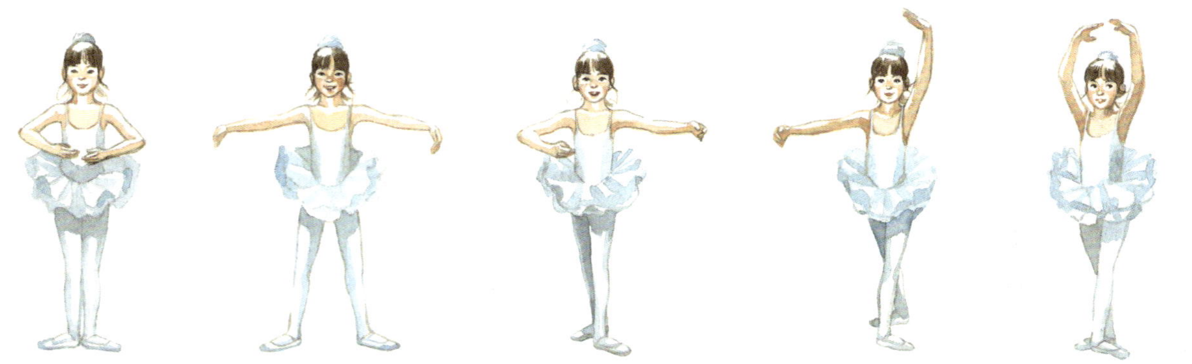

1. Position 2. Position 3. Position 4. Position 5. Position

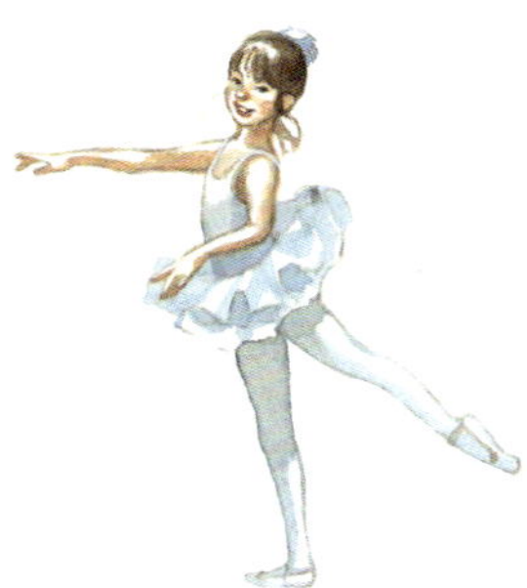

### Die Arabesque

Die Tänzerin oder der Tänzer steht auf einem Bein, streckt das andere Bein weit nach hinten und die Arme in anmutiger Haltung nach vorne.

### Der Choreograf

Damit es auf der Bühne kein Durcheinander gibt, hat jede Ballettgruppe einen Choreografen. Dieser bestimmt, wie die Tänze eines Ballettes aussehen sollen. Passend zur Musik erfindet er die Tanzschritte, Sprünge und Figuren der Tänzerinnen und Tänzer. Er ist also sehr wichtig, aber man sieht ihn nicht auf der Bühne.

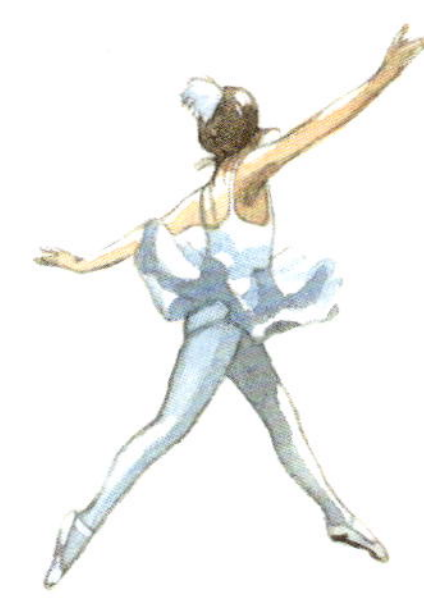

### Die Sprünge

Im Ballett gibt es sehr kleine Sprünge, manchmal aber auch sehr hohe und weite. Auch für die Sprünge müssen die Tänzerinnen und Tänzer viel trainieren.

### Die Pirouette

Bei der Pirouette dreht sich die Tänzerin oder der Tänzer auf einem Bein um sich selbst. Das sieht für das Publikum unkompliziert und leicht aus, wie so vieles im Ballett. Doch auch für die Pirouette braucht man viel Übung und vor allem eine gute Körperspannung.

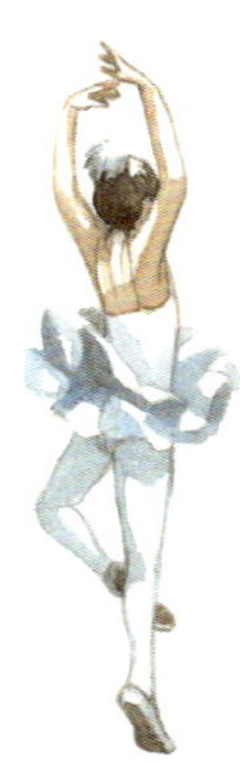

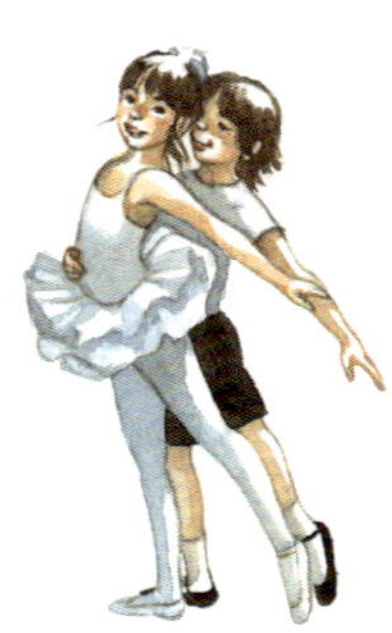

### Pas de deux

Einen Pas de deux tanzen eine Tänzerin und ein Tänzer zu zweit. Dabei können sie verschiedene Tanzschritte, Sprünge und auch Pirouetten vorführen und häufig wird die Frau von ihrem Tanzpartner scheinbar mühelos in die Luft gehoben.